Fanny Lewald

Prinz Louis Ferdinand

Ein Zeitbild - 1. Band

Fanny Lewald

Prinz Louis Ferdinand

Ein Zeitbild - 1. Band

ISBN/EAN: 9783959135528

Auflage: 1

Erscheinungsjahr: 2017

Erscheinungsort: Treuchtlingen, Deutschland

Literaricon Verlag UG (haftungsgeschränkt), Uhlbergstr. 18, 91757 Treuchtlingen. Geschäftsführer: Günther Reiter-Werdin, www.literaricon.de. Dieser Titel ist ein Nachdruck eines historischen Buches. Es musste auf alte Vorlagen zurückgegriffen werden; hieraus zwangsläufig resultierende Qualitätsverluste bitten wir zu entschuldigen.

Printed in Germany

Cover: Jean-Laurent Mosnier, Louis Ferdinand von Preußen, Abb. gemeinfrei

Prinz Louis Ferdinand.

◦⟨◦⟩◦

Ein Zeitbild

von

Fanny Lewald.

━⟨≋⟩━

Erster Band.

Berlin, 1859.

Verlag von A. Hofmann & Comp.

An

Moritz Hartmann

in

Paris.

Lieber Freund!

Ich hatte mir vorgenommen Ihnen zu schreiben, um Ihnen die zweite Auflage meines Prinzen Louis Ferdinand zu senden. Nun ich mich zu dem Briefe anschicke, dünkt es mir das Beste, ihn lieber gleich dem Buche voranzusetzen, weil ich dasjenige, welches ich Ihnen bei dieser Gelegenheit über meine Arbeit zu sagen beabsichtigte, auch dem größern Publikum meiner Leser aussprechen möchte, und weil Vorreden zu schreiben sonst eben so wenig meine Sache ist, als das Lesen derselben die Sache des Publikums.

„Bücher haben ihre eigenen Fata!" Hat schon der alte römische Dichter gesagt, und ich finde dies nun auch in meiner eigenen Erfahrung bestätigt. Denn die erste meiner größern Arbeiten, bei welcher die Gunst des Publikums eine zweite Auflage nothwendig gemacht hat, ist grade diejenige, für die ich vom künstlerischen Standpunkte aus dieses Schicksal am wenigsten erwartet hatte, obschon ich für dieselbe, als ich sie vor zehn Jahren der Oeffentlichkeit übergab, eine besondere Vorliebe hegte.

Diese Vorliebe gründete sich auf das psychologische Interesse, welches mir die Gestalt des Prinzen Louis Ferdinand, die Gestalt jenes unglücklichen preußischen Fürstensohnes einflößte, der zum Helden oder zum Künstler geboren, durch seine Lage zu gänzlicher Thatlosigkeit verdammt, für alle seine Irrthümer ein offenes Feld, für das, was er Großes und Edles erstreben mochte, keinen Raum im Leben fand.

Aus diesem Interesse, das durch die Zeit und die Zeitgenossen des Prinzen, für mich noch wesentlich gesteigert wurde, weil auch in den Meisten von ihnen sich Irrthum und Wahrheit, Materialismus und Idealismus in der räthselhaftesten Weise zusammenfanden, erwuchs in mir der Plan zu meiner Dichtung, der ich bei ihrem ersten Erscheinen den Titel eines Romans beilegen zu können glaubte. Aber ich habe nicht diese zehn Jahre nöthig gehabt, um mich zu überzeugen, daß meine Arbeit diesen Titel nicht zu beanspruchen hat.

Der Roman ist, was auch immer die modernen Aesthetiker sagen mögen, eine bestimmte Kunstform. Er setzt eine freie, schöpferische Thätigkeit bei dem Verfasser voraus. Er verlangt Gestalten, welche sich von Anfang an und für einen bestimmten Zweck organisch heranbilden, und er soll und muß, so weit das dem Schaffenden eben erreichbar ist, ein in sich künstlerisch geschlossenes, in sich vollendetes Ganze sein. Dies ist aber Beides unmöglich, bei Vorwürfen, welche von der Art sind, daß der Dichter es fast durchweg mit historisch- und biographisch fertigen und bekannten Persönlichkeiten zu thun hat. Er gewinnt damit freilich, daß die Theilnahme, welcher der Leser für die ihm bekannten und vielleicht lieben Gestalten, fertig an das Buch heranbringt, dem Buche ohne des Dichters Zuthun zustatten kommt; aber der Dichter selbst ist gezwungen sich beständig zwischen dem thatsächlich Gegebenen und der eigenen Erfindung, zwischen Dichtung und Wirklichkeit, zwischen Poesie und Realität zu bewegen, und unter diesen Verhältnissen ist ein befriedigender Abschluß solcher Dichtungen, im künstlerischen wie im sittlichen Sinne, wenn er nicht zufälliger Weise in der Wirklichkeit selbst gegeben sein sollte, gradezu eine Unmöglichkeit.

Diese Einsicht war es, welche mich nach jenem ersten Versuche ein für allemal abgehalten hat, mich wieder an den sogenannten historischen Roman, an das dichtende Rechnen mit benannten Zahlen zu wagen, so verlockend dies ist, wenn man dabei nur an das eigene Interesse für irgend eine historische Gestalt, und an die Gunst der Leser denkt. Es ist aber, wie mir scheint, Beweis gebend gegen die Zwitter-Gattung des sogenannten historischen Romans überhaupt, daß schon sein Titel eigentlich einen Widerspruch in sich enthält, und daß man stillschweigend übereingekommen ist, diesen Titel ausschließlich jenen Dichtungen zu ertheilen, die sich an berühmte Personen oder an merkwürdige Zeitpunkte knüpfen, während doch jeder Roman, dem es gelingt, das Bild eines Menschen im Zusammenhange mit der Zeit, in welcher er lebte, als ein Ganzes darzustellen, den Charakter und die Bezeichnung einer historischen Dichtung zu beanspruchen hat.

Wenn ich nun in eine neue Auflage und in das neue Erscheinen meiner Arbeit willigte, obschon ich wußte, daß sie ihrer Natur nach den Titel eines Romans nicht verdient, so geschah es, weil ich anderseits das Werk nach dem Ausspruche bedeutender, zum Theil noch lebender, zum Theile jetzt schon hingegangener Genossen jener Epoche, und nach meinem eigenen Urtheil als Zeitbild und als Charakterbild des Prinzen Louis Ferdinand gelten lassen darf.

Als ein solches Bild jener bedeutenden und uns in vielem Betrachte schon fremden Zeit, und als ein Charakterbild des Prinzen Louis Ferdinand mag ich das Buch auch heute noch Ihrer Theilnahme, und dem freundlichen Antheil anderer Leser empfehlen, und es mag denn unter dem ihm gebührenden Prädikate eines Zeitbildes aufs Neue seinen Weg in's Publikum wagen.

Ihnen liebster Freund! soll es aber noch im besondern meinen Dank bringen, für den Genuß, welchen mir Ihre vortrefflichen „Erzählungen eines Unstätten" bereitet haben, und Ihnen mit der Erinnerung an die letzten froh mit einander verlebten Tage, ein Pfand baldigen Wiedersehens in der Fremde oder in der Heimath werden.

In alter treuer Freundschaft die Ihre.

Fanny Lewald.

Erstes Kapitel.

Einleitung.

——

Das achtzehnte Jahrhundert hatte in heißen, blutigen Kämpfen geendet, und wie einst der tapfere Held Riwalin in seiner Sterbestunde dem männlichen Tristan das Dasein gegeben, so hatte das scheidende Jahrhundert noch in seinen letzten Momenten die Anerkennung der Menschenrechte erzeugt.

Wiedergeboren in dem Bewußtsein der Völker, mußte endlich die Freiheit aus dem Geiste Einzelner in die Wirklichkeit treten für Alle. Eine Gottheit erschien sie auf der Erde, aber die Menschheit war noch nicht vorbereitet, nicht rein genug, für ihren Kultus.

Königthum, Adelsmacht, Priestergewalt wurden in Frankreich auf dem Altar der Freiheit geopfert, ohne daß diese heimisch werden konnte. Sie floh die bluttriefenden Kämpfer. Selbstsüchtiger Parteistreit, wilde Anarchie zerrissen das unglückliche Land und verbreiteten sich von dort über ganz Europa. Nicht den Frieden, nicht die Entsagung fordernde gleiche Berechtigung für Alle, schien man unter der Erklärung der Menschenrechte verstanden zu haben, sondern ein geistiges Faustrecht, nach dem Jeder nur für den persönlichen Vortheil kämpfte. Die unausbleibliche Folge davon mußte der Sieg des Stärksten, die unumschränkte Herrschaft Napoleons sein.

Seit dem Anfang der neunziger Jahre bebte Europa unter diesen furchtbaren Erschütterungen. Man hatte einen König ermordet, Gott geläugnet, und ohne König, ohne den Glauben an Gott, war der Sieg den französischen Fahnen treu geblieben. Das wies die Menschen auf sich selbst, auf die Kraft des Genius in dem Einzelnen. Bonaparte's Beispiel, der sich aus der Dunkelheit zu irdischer Allmacht emporgeschwungen, entflammte den Ehrgeiz aller Strebsamen, während man andererseits die glänzendsten Erscheinungen schnell wie Meteore verschwinden sah.

Die Bedeutung, die Kürze des Daseins machten sich abwechselnd geltend. Die starken Geister strebten nach Ruhm und Macht; schwächere Naturen klammerten sich in dem schnellen Wechsel des Irdischen, trostsuchend an das unwandelbare Jenseits; noch Andere verspotteten Ruhm und Jenseits als Hirngespinnste, vom Leben Nichts begehrend, als die Möglichkeit, es in verfeinerten Genüssen zu durchschwelgen.

Auch in Preußen, das mitten in den Kämpfen Europas eines nur wenig unterbrochenen Friedens genoß, zitterten diese Stürme nach. Unter Friedrich's des Großen Regierung mächtig gewachsen, hatte sich in Berlin des Königs religiöse Freisinnigkeit auf alle Stände ausgedehnt; Toleranz und Bildung eine Verschmelzung der verschiedensten Klassen herbeigeführt, als sein Neffe den Thron von Preußen bestieg.

Friedrich Wilhelm der Zweite glich einem Boden, in den die Stürme der Zeit von allen Blüthen in buntem Durcheinander Saamen verstreut hatten, welcher wüst und ungezügelt aufsproßte, die Ernte erstickend, die sein Vorgänger fast bis zu ihrer Reife gepflegt. Eitle Ruhmsucht, blinde Orthodoxie, zügellose Wollust wucherten in ihm neben gutmüthiger Schwäche. Die verunglückten Feldzüge in der Champagne, das Wöllnersche Religionsedikt, die Orgien der Gräfin Lichtenau waren die Früchte davon; und jene vorerwähnte Verschmelzung der Stände, der Kanal, welcher die

Wolluſt und Entſittlichung des Hofes durch alle Klaſſen der Ge=
ſellſchaft leitete.

Unter der Regierung eines ſolchen Königs ſchrumpfte der
Schatz Friedrichs des Großen ſchnell zuſammen; der blanke Schild
des preußiſchen Ruhmes ward durch den Roſt des Zweifels ange=
taſtet, und Preußens hinterliſtige Politik, die nur den eigenen
Vortheil ſuchte, hatte ſich bei der zweiten Theilung Polens ge=
nugſam kund gegeben, als der König ſtarb. Kurz vor dem Beginn
des neunzehnten Jahrhunderts fiel das gewichtige Scepter in die
unbefleckten Hände ſeines Sohnes, Friedrich Wilhelms des Dritten.

Zwei Jahre ſpäter ward in Frankreich Bonaparte auf zehn
Jahre zum Konſul erwählt. Der Glanz ſeiner Thaten erfüllte die
Welt. Die Schlachten bei Hohenlinden und Marengo beugten
auch Oeſterreichs Fahnen vor ihm in den Staub: Oeſterreich und
Preußen hatten in ehrvergeſſenen Verträgen einzelne Theile ihrer
Erblande, für den Preis anderweit vergrößerten Beſitzes ihrer
Staaten, an Frankreich abgetreten, der Frieden von Lüneville ward
geſchloſſen. Das linke Rheinufer war zur franzöſiſchen Provinz
geworden, die Grundbaſis deutſcher Reichseinigkeit war zerſtört.
Die Treue der Fürſten unter einander, das Vertrauen der Unter=
thanen, welche ſo gewaltſam vom deutſchen Stamme abgeriſſen
und einer feindlichen Nation einverleibt wurden, waren für immer
erſchüttert; der Weg für alle künftigen Siege der Franzoſen in
Deutſchland durch die Unredlichkeit der beiden Großmächte des
Landes mit Sicherheit vorbereitet.

Vergebens forderten Oeſterreich, Rußland und England ab=
wechſelnd Preußen zu einem Bunde gegen Frankreich auf. Preu=
ßen beharrte in einer vorgeblichen Neutralität, als es heimlich
ſchon lange die Befehle des erſten Konſuls vollzog. Dieſe ab=
hängige Stellung Preußens ward gegen Ende des Jahrhunderts
von den übrigen Mächten nicht mehr bezweifelt. Kaiſer Paul
betrachtete ſie als eine Feindſeligkeit gegen Rußland und ließ ſeine

1 *

Heere an die preußische Grenze rücken; England, seit zehn Jahren mit Frankreich im Kriege, kaperte preußische Schiffe. Friedrich Wilhelm sah sich endlich genöthigt, ein kleines Korps nach Ritze=büttel zu beordern, wohin die Engländer ein preußisches Schiff geführt hatten. Damit hoffte der König die Beleidigung der preußischen Flagge zu rächen und sich zugleich in Frankreichs Gunst durch dieses Auftreten gegen England zu befestigen.

Wohl erkannte ein Theil des Volkes in Preußen die unwür=dige Schwäche seiner Regierung; indeß ohne allen Einfluß auf die öffentlichen Angelegenheiten, strebten die Abhängigen, denen Aen=derung durch männliche Selbsthülfe unmöglich schien, nur nach Vergessenheit und Zerstreuung.

Man versenkte sich in Kunst und Literatur, um sich vor dem traurigen Eindruck der Wirklichkeit zu bewahren. Göthe's Ein=fluß auf die Gebildeten war mächtig, sein Beispiel verlockend. Die Religion absoluter Schönheit, genießender Ruhe, deren Priester er nach den stürmischen Jahren seiner Jugend geworden war, konnte in der kampfdurchwühlten, leidenschaftvollen Wirklichkeit nicht ihre Stelle finden, nicht Gemeingut der Kämpfenden sein. Darum hielt sich Göthe fern von ihnen, in einem Bereich sorglich abgegrenzter Ausschließlichkeit, wohin weder der Lärm des Kampfes noch der Wehschrei der Völker zu dringen vermochte. Hier fühlte er sich behaglich und sicher; hierher, unter die Aegide seiner Abge=schlossenheit, flüchteten Alle, welche genießen und nicht aus dem Schlummer erweckt werden wollten, obschon Kant, Schiller und Fichte bereits mächtig an das Bewußtsein der Deutschen klopften und ihnen beim Beginn des Jahrhunderts ihr mahnendes „Er=wachet!" zuriefen.

Diese Zustände bilden den Boden dieser Dichtung. Sie mußten angedeutet werden zum Verständniß derselben; denn wie Erdreich und Pflanze sich gegenseitig fordern und bedingen, so er=zeugen sich gegenseitig die Charaktere und die Ereignisse einer Zeit.

Zweites Kapitel.

Der Sylvester-Abend des Jahres Eintausendachthundert näherte sich seinem Ende. Ein frischer Frost hatte am Tage den Regen und Schnee des Dezembers in den Straßen von Berlin getrocknet, der Mond stand hell am Himmel und leuchtete mit seinem ruhigen Lichte wieder einem Jahrhundert zu Grabe.

Von dem Thurme der Dreifaltigkeitskirche schlug es halb eilf, als ein schlanker, in einen Offiziersmantel gehüllter, junger Mann aus dem Palais des Prinzen Ferdinand hinaustrat auf die Rampe vor demselben. Ein zweiter Offizier begleitete ihn; Diener leuchteten ihm vor, die Wachen präsentirten, ein Jäger öffnete den wartenden Wagen. Aber im Augenblick des Einsteigens schien dem Erstgenannten ein anderer Gedanke zu kommen, er trat von dem Wagen zurück.

Fahren Sie ohne mich, sagte er zu seinem Begleiter gewendet, ich bin erhitzt und werde zu Fuße gehen, um mich abzukühlen.

Mit diesen Worten schritt er die Treppe hinab, bog von dem Wilhelmsplatz in die Wilhelmsstraße und wanderte eilig die Linden entlang, einem Hause zu, das in der Friedrichsstraße lag. Durch ein Paar Fenster des ersten Stockes flimmerte ein blasses Licht; er stieg schnell die Treppe hinauf und trat in das Gemach.

Es war ein Krankenzimmer. An der Wiege ihres Kindes saß eine junge, zarte Frauengestalt. Sie winkte der Wärterin sich zu entfernen und reichte dem Eintretenden, von ihrem Platze aus, die Hand entgegen.

Ich wußte wohl, daß Du noch kommen würdest, obgleich Du das Gegentheil gesagt hattest, flüsterte sie und rückte in die Ecke des weiten Lehnstuhles, Raum zu machen an ihrer Seite für den Ankommenden, der sich neben ihr niederließ und sie in seine Arme zog.

Ich mußte Dich noch sehen, entgegnete der junge Mann. Mir wurde angst und bange unter den lachenden, heuchelnden Menschenlarven, die sich aus einem Jahrhundert in das andere lügen. Ich sehnte mich nach Deinen lieben Augen, ich wollte mit Dir und unserm Kinde die Ankunft des neuen Jahrhunderts er= warten. Wie geht's denn jetzt? fragte er, sich zur Wiege neigend und die Hand behutsam auf die Stirn des Säuglings legend. Das Fieber scheint nachgelassen zu haben.

Ja! sagte die Mutter. Er schläft seit einer halben Stunde. Der Arzt erklärt, es sei jede Gefahr vorüber; aber Du mußt nicht so laut sprechen, sonst weckst Du ihn auf.

So komm' zu mir, damit ich Dich nahe habe, entgegnete der junge Mann, und zog sie auf seinen Schooß, seinen Kopf an ihre Schulter lehnend.

Als sie eine Weile so bei einander gesessen hatten, das Bild glücklichster Häuslichkeit, schlug die Uhr halb zwölf. Ein Seufzer rang sich aus der Brust des Mannes, und mit ernster Stimme sprach er: Noch dreißig Minuten, und das Jahrhundert ist vorüber!

In dreißig Minuten kannst Du, Liebster! mir noch viele hun= dert Küsse geben! Komm', laß uns das alte Jahr mit Küssen be= graben und das neue damit begrüßen, sonst wirst Du mir wieder ernst und traurig, wie Du es schon die ganze Zeit gewesen bist.

Mit Küssen begraben und mit Küssen begrüßen! wiederholte

der junge Mann. Das ist's! das ist der Fluch! — Warum mußtest Du das sagen Henriette?

Er ließ die Geliebte aus seinen Armen, stand auf und ging lebhaft im Zimmer umher.

Die junge Frau blickte erschrocken und traurig zu ihm empor. Sie wollte ihm folgen, aber eine unruhige Bewegung des Kindes hielt sie an ihrem Platze zurück. Während sie sanft die kleine Wiege schaukelte, blickte sie sorglich bald nach dem Kinde, bald angstvoll nach dessen Vater. Endlich sagte sie: Wie kann Dich ein unschuldiger Scherz so ganz verstimmen! was habe ich denn Schlimmes gesagt? —

Der Angeredete blieb vor ihr stehen. Was Du gesagt hast? Ach! Du weißt es freilich nicht, armes Kind! Du weißt es nicht! Eine unsichtbare Macht legte es Dir in den Mund. Wie eine Pythia hast·Du in der Scheidestunde der Jahrhunderte bewußtlos mir Vergangenheit und Zukunft meines elenden Daseins enthüllt.

Ich verstehe Dich nicht, klagte sie. Wie magst Du Dein Dasein elend nennen!

Nein! nein! Du verstehst es nicht! und verständest Du es, so könntest Du nicht helfen; rief er. Du thust, was Du kannst, Du liebst mich, Du bist sanft und gut, und ich quäle Dich. Vergieb mir liebes Kind!

Er fuhr mit der Hand über seine Stirne, als wolle er dort böse Gedanken verscheuchen, setzte sich wieder zu ihr nieder, küßte ihre rothen, vollen Lippen, tändelte mit ihren goldblonden Flechten, aber seine Seele war offenbar mit andern Gegenständen beschäftigt; er blieb zerstreut und düster.

Plötzlich, als müsse er seinen Gedanken durchaus Worte geben, sagte er: Was ist in diesen hundert Jahren geleistet! welche Männer, welche Thaten hat das Vaterland gesehen! Und jetzt! Diese Wolken, welche den Flug des Adlers hemmen! Diese Ver-

blendung, diese schmachvolle Schwäche! — und ich stehe da, thaten-
los, gefesselt, unfähig zu helfen! Ich — —

Da dröhnten 'zwölf mächtige Schläge durch die Stille der
Nacht, alle Glocken der Stadt läuteten, von den Thürmen wurden
geistliche Lieder geblasen, ein verworrenes Getöse von Menschen-
stimmen erklang in den Straßen und der Donner der Kanonen
rief dem Jahrhunderte den Scheidegruß nach, während es in den
Schooß der Ewigkeit versank.

Der junge Mann hielt inne, hob das schlafende Kind aus der
Wiege, legte es in die Arme seiner Mutter, und, Weib und Kind
umfassend, rief er: Das wenigstens ist mein eigen.

Der Knabe erwachte weinend. Die Mutter nahm ihn an
ihre Brust. Der junge Vater kniete vor sie nieder, küßte das
Kind und sagte: Weine nicht, mein Sohn! Dein Stern steht nicht
so hoch am Horizonte, als der Deines Vaters, Du wirst glücklicher sein!

Dann küßte er nochmals die Mutter und verließ das Gemach

Drittes Kapitel.

———

Niemand hatte von Friedrichs des Großen Wahlspruch: „In mei=
nen Staaten kann Jeder auf seine Façon selig werden," größeren
Vortheil gezogen, als die Juden, welche, unter der Regierung sei=
nes Vorgängers noch vielfach eingeschränkt und bedrückt, sich jetzt
einer größeren Duldung erfreuten.

Die gute Wirkung davon blieb nicht aus, die Früchte zeigten
sich bald. In verschiedenen jüdischen Familien traten bevorzugte
Naturen in hoher Geistesentwicklung hervor. Besonders waren
es die Frauen, welche, ungehindert durch die Sorge für den Er=
werb und die praktischen Verhältnisse des täglichen Lebens, sich
schnell auf den geistigen Höhepunkt ihrer Zeit zu schwingen gewußt
hatten.

Indeß alles Gewaltsame hat seine Gefahren. Selbst der
Luftballon, der den Aether durchschiffen soll, darf nur langsam
steigen, sich nur allmählig des Ballastes entledigen, der ihn an die
niedere Region der Erde kettet. Der plötzliche Aufschwung der
Jüdinnen Berlins zu Ende des vorigen Jahrhunderts entbehrte
der wohlthätigen Fessel, des Zusammenhanges, welcher das Neue
mit dem Alten verbindet. Ausnahmsweisen, selbst innerhalb ihrer
Familien, sahen sie sich gezwungen, die Anerkennung, deren sie sich

mit vollem Rechte würdig fühlten, außerhalb derselben zu suchen, und hier trat ihnen in den Mittelständen hart und schroff das alte blinde Vorurtheil gegen ihr Volk hindernd in den Weg. Sie mußten eine andere Region für sich entdecken.

Diese fand sich bald. Die französische Revolution, die Encyklopädisten hatten ihnen vorgearbeitet. In den Seelen der Aufgeklärten war die Gewalt der Vorurtheile zerstört oder doch mindestens ein Ringen bemerkbar, sich davon zu befreien. Man hatte die christlichen Dogmen, die christliche Askese als Fesseln erkannt, von der Hierarchie zur Knechtung der Menschheit erschaffen; man fühlte sich wieder der Natur eingeboren, geistig zu freiem Forschen, sinnlich zum Genuß berechtigt. Philosophische Prüfung trat an die Stelle des religiösen Glaubens; man warf, um das frühere Bild aufzunehmen, allen Ballast aus dem Ballon der aufsteigenden Gedanken und — das leichte Fahrzeug ward ein Spiel des Sturmes.

Die Berechtigung der Leidenschaft, dieses Hebels aller großen Thaten, die Berechtigung der verschiedenartigen Menschennaturen zu freier, angemessener Entwicklung wurde anerkannt. Man machte Gebrauch davon ohne Bedacht auf die Rückwirkung, welche dies nothwendig auf Andere haben mußte. Man sprach von dem Fortschritt der Menschheit, aber jeder liebte die Menschheit, ihren Fortschritt, ihre Freiheit nur in sich selbst. Unter dem Deckmantel der Freiheit, dieser Religion allumfassender und darum sich selbst verleugnender Liebe, überließ man sich einem verfeinerten Egoismus, der um so genußbringender war, je weniger er schöne Regungen der Seele ausschloß, und je mehr erhabene Empfindungen er zuließ, welche dem Ich schmeicheln konnten.

Jeder war der Gott und der Priester seines Egoismus, Jeder wählte die ihm angemessenste Form für seinen Kultus der Selbstsucht. Sinnliche Ausschweifungen, verhüllt unter der Anbetung des vollendet Schönen, des unerforschbar Mystischen; religiöse

Spielereien mit dem Urchristlichen; kindische Lust an dem ursprünglich Volksthümlichen gingen geschätzt, beachtet und bewundert einher, neben edlen Bestrebungen und ernstem Forschen nach Wahrheit. Die Toleranz des Egoismus, welcher Duldung gewährt, um sie für sich zu erhalten, verband Männer und Frauen in Liebe und Freundschaft zu einer gesonderten Gesellschaft in der Gesellschaft.

Den Mittelpunkt dieses Kreises bildeten jene Jüdinnen, deren wir gedachten. Marianne und Sara Meier, Dorothea Mendelson, die Tochter Moses Mendelson's, Rahel Levin und Andere hatten zu schwer von Vorurtheilen gelitten, waren zu sehr von Unduldsamkeit gequält worden, um nicht frei von diesen Fehlern zu sein. Jedem geistig bedeutenden Menschen, der ihnen die Abstammung von dem mißachteten Volke verzieh, wurde Alles gestattet, was er seiner Persönlichkeit nach an Freiheit zu bedürfen glaubte, und Vieles vergeben, worüber man in andern Kreisen strenge den Stab gebrochen hätte. Einzelne Frauen der Adels=Aristokratie, denen vielleicht gerade diese selbst zu einer hemmenden Schranke geworden war, geistvolle Schauspielerinnen schlossen sich jenen Jüdinnen an, und wußten Männer wie Gentz, Schlegel, die Humboldt's und Andere um sich zu vereinen und dauernd zu fesseln.

Ein Theil dieses Kreises hatte sich in der Sylvesternacht bei Marianne Meier versammelt, die seit Jahren an einen Kurländer, Baron von Grotthuß, verheirathet war und ihr gastliches Haus gern und oft den Freunden öffnete.

Dorthin richtete der junge Mann seine Schritte, den wir an der Wiege seines Kindes verlassen haben.

Tief in Gedanken versenkt, durchschritt er eilig die Straßen, als plötzlich vor der Kaserne des Regimentes von Romberg ein Volkshaufe seine Aufmerksamkeit erregte, der, von den Schildwachen schimpfend zurückgewiesen, sich dennoch der Kaserne zu nähern versuchte.

Was geht hier vor? fragte er den Nächststehenden.

Ein Soldat hat, als es zwölf Uhr schlug, seine Liebste in der Kaserne erstochen, antwortete ihm dieser und begann eine Erzäh=lung seiner Vermuthungen.

Aber der junge Mann hörte sie nicht mehr. Er eilte in die Kaserne. Seine Uniform bahnte ihm den Weg.

In der Wachtstube herrschte eine unheimliche Verwirrung. Die Lichte waren niedergebrannt, die Flammen glimmten matt auf den langen Schnuppen. In einzelnen Haufen standen die Soldaten beisammen, leise mit einander flüsternd. Die Schauer einer furchtbaren That lagen auf ihnen. Sie hatten nicht den Muth laut zu sprechen, nicht die Ruhe zu schweigen. Halbge=leerte Bierkrüge und Karten, mit denen man die Sylvesternacht hatte feiern wollen, sahen zwischen den Feldmützen hervor, die sich auf den Tischen befanden; dicke Rauchwolken erfüllten das Gemach.

Seitwärts auf einer Bank lag, mit einem Soldaten=Mantel bedeckt, die Leiche eines jungen Mädchens. Man hatte nicht ge=wagt, sie vor der Ankunft des Regiments=Auditeurs zu entfernen.

Bei dem Eintritt des jungen Mannes malte sich ein allge=meines freudiges Erstaunen auf den Gesichtern der Soldaten. Die Mehrzahl schien ihn zu kennen. Der Mantel war ihm von der Schulter herabgeglitten, eine Generals=Uniform wurde sicht=bar; auf seiner Brust funkelte der schwarze Adlerorden.

Lebhaft schritt er auf die Bank zu, auf welcher sich die Er=mordete befand. Es war ein hübsches Mädchen der dienenden Klasse in ärmlicher, aber sauberer Kleidung. Unter der Haube stahl sich hellblondes Haar hervor, das über den entblößten Busen niederfloß und sich in dem Blute tränkte, welches noch frisch der Wunde entquoll. Der Messerstoß hatte das Herz getroffen, die Züge der Todten waren vollkommen ruhig.

Unweit davon in einer Ecke des Gemaches saß, an Händen und Füßen gekettet, ihr Mörder, still und ruhig nach der Leiche

hinüber blickend. Das blutige Messer, mit dem er die That verübt hatte, lag noch neben der Todten.

Einen Augenblick betrachtete der junge General die Ermor-
dete, dann wendete er sich an den Mörder. Was hat Dir das
Mädchen gethan? fragte er ihn.

Sie hat mir Nichts gethan, sie war meine Liebste!

Und Du hast sie ermordet?

Ich hab's nicht aus Haß gethan, antwortete Jener, sondern
aus Liebe. Weil ich sie nicht in dieser Welt heirathen sollte,
wollte ich mit ihr in die andre Welt. Sie hat mich darum gebeten; ich hab's ihr zu Lieb' gethan und ich folge ihr ja nun auch
nach. Er fing bei diesen Worten zu weinen an, und wollte sich
der Leiche nähern, die Soldaten aber, welche ihn bewachten, hielten ihn davon zurück.

Während deß war der wachthabende Offizier herbeigerufen.
An diesen wendete sich der General mit der Frage, wie das
Frauenzimmer in die Kaserne gekommen sei?

Sie ward mit dem Füselier Kugler vom Regimente Kanitz
eingebracht, mit dem sie von Prenzlau in's Mecklenburgische ent-
flohen war, weil man ihnen keinen Trauschein geben wollte, antwortete der Lieutenant. Da sie ihn auch dort nicht erhielten, kamen sie zurück. Ein Werbeoffizier unseres Regimentes begegnete
ihnen, und der Kugler ließ sich wieder anwerben, da man ihm im
Pardonbrief einen Trauschein versprach.

Und warum hat man ihm nicht Wort gehalten? warum ist
er denn als Gefangener eingebracht?

Es ist gerade in den Tagen eine Konvention zwischen den
Regimentern geschlossen worden, die Deserteure gegenseitig auszu-
liefern, und Lieutenant von Heldrich vom Regimente von Kanitz
traf gestern hier ein, den Kugler zu reklamiren.

Ja! der ist Schuld! der ist an allem Schuld! rief der Gefan-
gene in einem Tone so tiefen Grimmes, daß der General aufmerk-

sam darauf wurde, und den Soldaten in ein anderes Zimmer zu führen befahl, wohin er ihm folgte. Sein Wink entfernte die Wachen.

Als er allein mit dem Mörder war, setzte er sich ruhig nieder und sagte: Kugler! Du hast Dein Leben verwirkt, man wird Dich hinrichten, das weißt Du selbst. Besinne Dich, was hat das Mädchen Dir gethan? Was hat der Lieutenant Heldrich damit zu schaffen? Kein Mensch ermordet ja seine Liebste aus Liebe. Hat Dich das Mädchen betrogen? Besinne Dich, vielleicht giebt es eine Entschuldigung für Deine That, die Dir das Leben retten kann.

Sie hat mir Nichts gethan, wiederholte der Soldat, ich hab's ihr versprochen, weil uns Alle verfolgten und weil es uns zu schlecht ging. Ich will auch keine Gnade haben, sondern ich will sterben, um mit meiner Liebsten vereint zu werden; aber Ihnen Herr General, will ich erzählen, wie das Alles gekommen ist, denn ich seh's, Sie haben Mitleid mit dem Armen, Sie denken, daß ein armer Gemeiner doch auch ein Mensch sei.

Ja! bei Gott! das denke ich! rief Jener mit Wärme und ermunterte den Soldaten zum Sprechen, der also anhub.

Dazumal vor Jahren wie ich mich anwerben ließ in Prenzlau bei dem Regiment Kanitz, da war ich auf der Wanderschaft, denn ich bin meines Zeichens ein Kürschner aus Nürnberg. Wenn ich nun nicht im Dienst war, so suchte ich mir ein paar Groschen zu verdienen, und half bei einer Frau, die eine Rolle hatte, das Weißzeug rollen. Dabei habe ich die Friederike kennen gelernt, die bei dem Obrist von Heldrich als Hausmädchen diente. Wir haben uns geliebt und wollten uns heirathen, und die Friederike wollte selbst die Frau Obristin um einen Trauschein für uns bitten. Die wird ihn schon vom Obrist zu schaffen wissen, sagte sie, denn ihr wird lieb sein, daß ich heirathe, weil mir der Lieutenant Heldrich, das war der Sohn vom Obrist, nachstellt. Die Obristin wollte ihn auch gleich besorgen, aber der Lieutenant sagte dem Obrist, ich sei ein Taugenichts, ich würde Weib und Kinder sitzen laſſen und meine Löhnung verſaufen, und ſo bekamen wir keinen, und die Friederike wurde aus dem Hauſe gethan, weil der Lieute= nant immer dreiſter wurde und ihr den Trauſchein verſprach, wenn ſie ihm zu Willen ſein wollte.

Der Soldat hielt inne, bis der General fragte: Und was wurde dann weiter aus Deiner Liebſten? wie kamt Ihr denn hierher?

Es ging uns ſo elend, daß wir fort mußten, ſagte Kugler. Die Friederike konnte keinen Dienst bekommen, weil es hieß, ſie habe Liebſchaften; ſie mußte ſich alſo kümmerlich mit Nähen und Stricken durchbringen. Ich hatte auch ſchlechte Tage bei der Kompagnie. Sah mich der Feldwebel mit ihr, ſo ſteckte er es dem Lieutenant und drohte mir, er werde ſie zur Stadt heraus= jagen und mich einſperren laſſen. Das Einſperren geſchah auch. Ich dachte, ich könnt's nicht überleben, meine Braut ſo lange nicht zu ſehen, und der Friederike ging es eben ſo. Wie ich nun frei kam, beſchloſſen wir davon zu gehen, es war nicht mehr aus= zuhalten. Im ſchlechteſten Wetter ſchlichen wir uns durch das Land bis über die Grenze und baten in Mecklenburg um den Trauſchein. Aber wir bekamen keinen, und hatten Nichts mehr zu beißen und zu brocken, da wir all' unſere Sachen ſchon ver= kauft hatten. Da ließ ich mich denn wieder anwerben von einem preußiſchen Offizier, denn von den zwanzig Thalern konnte ſie lange leben, und ich erhielt einen Pardonbrief und das Verſpre= chen, ich ſollte auch einen Trauſchein haben.

Kaum aber kamen wir nach Berlin, ſo nahmen ſie mich feſt und ſagten, ich könnte nicht bei dem neuen Regimente bleiben, ſondern müßte gleich nach Prenzlau an mein altes Regiment ab= geliefert werden. Wie die Friederike das hörte, bat ſie mich vor Gott und nach Gott, ich ſollte ihr das Leben nehmen. Nach Prenzlau zurück könnte ſie einmal nicht, und ohne mich leben das könnte ſie auch nicht. Ich redete es ihr aus, aber ſie blieb dabei. Nun kam vor einigen Tagen gar mit dem Feldwebel der Lieute=

nant Heldrich selbst, mich zu holen, und wie der mich sah, sagte
er: Dir kann Nichts geschehen, denn Du hast den Pardonbrief;
aber einen Trauschein kriegst Du nun und nimmermehr, und der
Friederike lasse ich in Prenzlau die Röcke abschneiden und sie vom
Profoß zum Thore hinauspeitschen, so wahr ich Heldrich heiße.

Wie ich nun hier in der Arreststube saß, schlich sich die Friederike ein paar Mal an das Fenster auf den Hof und zeigte mir
mit einem Messer auf ihre Brust, daß ich sie todt stechen sollte
denn der Feldwebel hatte sie ausfindig gemacht und ihr gesagt,
was der Lieutenant ihr zugedacht habe. Ich wollte gar nicht darauf hören, aber wenn ich schlief, dann sah ich im Traum den
Lieutenant bei meiner Liebsten, oder den Profoß, der sie aus-
peitschte und ich dachte, da sei doch sterben besser. Und wie sie
nun vorgestern früh die Friederike auch festnahmen, weil sie in
Prenzlau von meiner Flucht gewußt hatte, und sie hierher brachten, damit wir gleich nach Neujahr abgeführt würden, da warf sie
sich mir an die Brust und sagte: Peter! jetzt mußt Du es thun.
Ein Messer habe ich mitgebracht, und besser treu und ehrlich gestorben, als mit Schande gelebt.

Ein neuer Thränenstrom unterbrach die Erzählung; der junge
General stand auf und ging heftig erregt im Zimmer umher.
Plötzlich blieb er stehen und fragte: Hast Du denn nicht versucht,
dem Mädchen den Gedanken auszureden, Kugler? Wie war es
Dir denn möglich, ihr das Messer in die Brust zu stoßen?

Es kam mir hart genug an, seufzte der Unglückliche. Den
ganzen Tag, die ganze Nacht redete ich es ihr aus und bat sie zu
warten, bis wir auf dem Wege wären, weil ich dachte, sie sollte
sich doch noch anders besinnen. Aber sie sagte: Bilde Dir doch
nicht ein, daß sie uns auf dem Transport zusammen lassen werden. Dich nimmt der Feldwebel auf seinen Wagen, mich wird
wohl der Lieutenant zu sich kommen lassen; und nachher sehen
wir uns nicht wieder. Ich bin mein Leben satt, die Nacht ist

das Jahrhundert aus, für uns wird's aber in alle Ewigkeit nicht
anders, und wenn Du ein braver Kerl bist und mich liebst, so
machst Du selbst dem Elend ein Ende. Sie küßte mich und
weinte und bat den ganzen Tag. Gegen Abend faßte sich mich
unter, ging mit mir Stub' auf und ab und erzählte mir Alles,
was wir schon gelitten hatten, und stellte mir Alles vor, was uns
noch an Elend und Schimpf und Schande begegnen mußte.
Darüber wurde es eilf Uhr, sie zog mich auf die Bank hinter den
Ofen, da legten wir uns nieder und sie sagte mir, wie wohl ihr
sein würde, wenn sie erst todt wäre, und wie sie mir es ewig
danken und mich im Himmel wie ihren Retter ansehen wollte.
Auch wie ich sie zum Begräbniß anziehen sollte, befahl sie mir,
und gab mir ein schwarzes Band, mit dem sie um ihre Mutter
getrauert hatte, das sollte ich ihr im Sarge umbinden. Und wie
es nun Zwölf schlug, da machte sie ihre Jacke auf, gab mir einen
Kuß und sagte: Nun Peter leb' wohl! nun ist's genug; hier stoß'
zu, dann ist's schnell vorbei. Dazu gab sie mir ihr Messer in die
Hand, und — so hab' ich's denn gethan, so schwer mir's wurde,
weil ich sie doch nicht in Elend und Schande allein verlassen
konnte. Sie hat mich fest umschlungen gehalten und keinen Laut
von sich gegeben. Ich dachte auch immer, sie lebte noch, bis ihr
die Hände und Lippen kalt wurden, da merkte ich erst, daß sie
todt sei, und sagte dem Feldwebel: Herr Feldwebel! Ich habe
meine Liebste todt gestochen.

Der Soldat hatte mit ruhigster Rechtsüberzeugung gesprochen, wie Jemand, der eine schwere Pflicht erfüllt hat. Der General war tief erschüttert. Er fragte, weßhalb sich Kugler nicht
bei den Vorgesetzten des Lieutenants beschwert habe? warum er
nicht den König um einen Trauschein gebeten?

Des Lieutenants Vorgesetzter, das war sein Vater, entgegnete
Kugler, und den König bitten? Wir konnten Beide nicht schreiben, in Prenzlau waren wir ganz fremd, wer sollte sich da unse-

rer annehmen, und wer glaubt denn einem Gemeinen gegen sei=
nen Feldwebel und gegen seinen Lieutenant? Für unfer Eins ist
keine Hülfe; es ist hier wie in Mecklenburg, in Mecklenburg wie
hier! Uns hilft nur der Tod, die Friederike hatte ganz recht; ich
bin auch froh, daß es bald mit mir vorbei fein wird.

Der General fah ihn lange an, und mit Thränen in den
Augen fagte er: Ich kann Dir Deine todte Liebste nicht wieder
schaffen, aber ich will fehen, was ich für Dich zu thun vermag,
denn Dir ist schweres Unrecht widerfahren.

Machen Sie, Herr General, daß ich ihr bald nachkomme;
leben ohne fie kann ich nicht; ich hab's mir schwer genug erkauft,
daß ich ihr nachkommen kann; aber wollen Sie mir eine Gnade
erzeigen, fo schaffen Sie der Friederike ein ehrliches Begräbniß.
Ich werde doch nicht bei ihr zu liegen kommen, mich scharren fie
am Galgen ein.

Der Gedanke überwältigte ihn, er weinte laut und rang die
Hände, als der General das Zimmer verließ, mit dem Versprechen,
nach besten Kräften für den Unglücklichen zu sorgen.

Er befahl fogleich, daß man ihn nicht wieder in das Zimmer
bringe, in welchem die Leiche fich befand und wo es schon wieder
ganz munter herging.

Man hatte die Todte auf die Bank hinter den Ofen gelegt,
die Soldaten faßen wieder bei den Karten, mit Tabak und Bier;
das erstochene Mädchen lag verlaffen unter all' den fremden
Männern. Kein Herz gedachte der Unglücklichen, keine Thräne
floß für fie; nur der General trat noch einmal an fie heran, legte
feine Hand auf ihre kalte Stirne und fagte, leise für fich felbst
sprechend, während er das todtbleiche Antlitz betrachtete: Armes,
treues Weib! —

Dann verließ er die Kaserne, nachdem er dem wachhabenden
Offizier die Anweisung gegeben, das Mädchen auf feine Kosten
anständig beerdigen zu laffen, wie der Soldat es gewünscht hatte.

Viertes Kapitel.

***

Der Festjubel in den Straßen war verstummt, die Menschen waren in ihre Wohnungen zurückgekehrt, auch der General schlug den Weg nach der seinigen ein; aber ihm graute vor der Einsamkeit seiner Gemächer. Eine Welt von Schmerzen, das Leid jedes Unterdrückten, schien sich über seine Seele zu wuchten, jede Thräne auf Erden ihn anzuklagen, daß er sie nicht trockne. Die einsamen Straßen, die Dunkelheit bevölkerten sich mit Leidensgestalten, die von ihm Hilfe erflehten, die bittend aus der Tiefe zu seiner Höhe die Hände emporstreckten. Er wollte zu ihnen eilen, aber dämonische Gewalten hielten ihn zurück, drängten sich zwischen ihn und die Menschheit. Seine Hände waren gefesselt, selbst seine Seele war in Banden, die er nicht zu zerreißen vermochte, so sehr die Nothwendigkeit der That in ihm kämpfte, sich zu befreien. Die gewaltigste Verzweiflung ergriff ihn, seine Brust drohte zu zerspringen, wenn er dem Wehschrei seiner Seele nicht Worte geben konnte; sein Herz verlangte nach einem Menschenherzen, tief und fest genug, den ganzen Strom seines Schmerzes darein zu ergießen. Aber er hatte keines. Er stand allein, einsam mit diesem Schmerz, mitten unter den frohen Gefährten seiner lachenden Stunden.

Indeß die innere Trauer war zu mächtig; er mußte sie mit

2 *

einem Menschen theilen, oder sie zu übertäuben suchen. Da fiel ihm die Gesellschaft bei, die er aufzusuchen gedachte, als er in der Kaserne zurückgehalten ward. Dorthin lenkte er seinen Schritt. Es war nach zwei Uhr, und doch glänzten die Lichter noch so hell aus dem gastlichen Hause der Frau von Grotthuß, als könnten dorthin niemals die Dämonen dringen, welche den Geängstigten verfolgten.

Oben im Saale erklang lautes, fröhliches Lachen. Die dampfende Punschbowle erhob ihre Rauchwolken durch den erwärmten, behaglichen Raum. Die feinen Hände der Frau von Grotthuß füllten die Gläser auf's Neue, und sein Glas gegen die schöne Schauspielerin Unzelmann neigend, rief der Kriegsrath Friedrich Gentz, einer der geistvollsten und elegantesten Männer Berlins: Den Frauen, die uns lieben!

Die Unzelmann lachte hell auf und sagte: Hört nur, wie Gentz sich vorsieht; er sagt nicht, die wir lieben, sondern, die uns lieben, das ist seiner würdig!

Gewiß! meinte Gentz, denn ich dachte an ein Glück. Geliebt werden ist ein immer neuer Genuß; Lieben eine Arbeit, eine Krankheit, die ein vernünftiger Mann, wie alle Kinderkrankheiten nur einmal durchmachen darf. Nur die leichte Empfänglichkeit der Frauen setzt sie wiederholten Rückfällen aus, die aber auch, je öfter sie sich zeigen, um so gefahrloser werden.

Nein! rief Friedrich Schlegel dazwischen, das ist falsch, grundfalsch. Jedes Menschenherz ist wie die Mutter Erde zu unablässigem Blühen bestimmt; aber wir Männer haben in der philisterhaften Verzopfung unseres Lebens die Naturfrische verloren, die allein noch in den Weibern glüht und ihnen die Möglichkeit immer neuer heftiger Leidenschaft gewährt. Weil die Natur lebhafter auf ihre zarteren Nerven einwirkt, weil die Luft ihnen in ihrer schönen freien Kleidung unablässig Brust, Schultern und Arme umfächelt, sind die Frauen Menschen geblieben, die noch gesund mit den Sinnen empfinden.

Und womit empfinden Sie, lieber Schlegel? fragte die Unzel=
mann.

Gewöhnlich nur durch Kombination! entgegnete er. Legt sich
im täglichen Leben ein frischer Arm um meinen Nacken, preßt sich
ein klopfendes Herz an meine Brust, nicht mich, nur mein un=
elektrisches Tuchkleid berührt die magnetische Wärme, ich selbst
fühle sie nicht, und muß mir aus der Seele die wonnige Empfin=
dung kombiniren, welche mir der frische Kontakt mit der Schön=
heit hervorrufen würde!

Da legte sich leise ein Arm um seinen Nacken, eine kleine
Frauengestalt lehnte sich an ihn, und lächelnd fragte ihn seine
Gattin, Dorothea Mendelson, die sich eben von dem Kaufmann
Veit hatte scheiden lassen, um Schlegel zu heirathen: Und was
kombinirst Du in diesem Augenblicke, mein Friedrich?

Er antwortete mit einem Kusse auf ihre Hand, während der
schöne Graf Tilly, ein französischer Emigrirter, in die Worte aus=
brach: Welch wunderbares Volk, diese Deutschen! Philosophen,
Skeptiker bis tief in die Mysterien des Kusses hinein. Wie kommt
Ihr nur einmal in Eurem Leben zum Genießen, wenn Ihr die
Präliminarien desselben so gewissenhaft zergliedert?

Il n'y a que le premier pas qui coute! meinte Gentz. Es geht
uns mit der Liebe wie den Insekten mit der Flamme. Wir star=
ren sie an, umkreisen sie, möchten ihr Wesen ergründen, werden
von der lieblichen Wärme, die uns anmuthet, näher und näher
gezogen, bis plötzlich das verrätherische Element unsere Flügel er=
faßt hat. Dann ist Flucht unmöglich, und süß betäubt, halb
willenlos, versinken wir in die Gluth, die uns verzehrt, indem sie
uns erwärmt. Nicht wahr, Rahel?

Rahel Levin, an die jene Worte gerichtet waren, lehnte schwei=
gend in der Ecke des Sopha's. Sie war die älteste Tochter eines
wohlhabenden jüdischen Kaufmanns; ihr Geist, ihre Bildung hat=
ten ihr eine Art von Berühmtheit verschafft, und obgleich sie drei=

ßig Jahre zählte und man sie eigentlich nicht schön nennen konnte, war sie der Gegenstand vielfacher Bewunderung und Bewerbung. Ihr etwas bleiches, ernstes Gesicht war auf die Hand gestützt, ihre mächtigen dunkeln Augen glitten in ruhiger Prüfung von Einem zum Andern. Als Gentz sich mit jener bestimmten Frage an sie richtete, hob sie den Kopf empor, sah ihm fest in das Antlitz und sagte: Was sprecht Ihr doch von der Liebe, die Ihr nicht versteht! Ihr lebt nicht einmal für Eure Liebe, und für die rechte Liebe muß man in sich ganz und gar sterben können, um wiedergeboren zu werden für sie. Aber das versteht Ihr auch nicht; also trinkt nur weiter Punsch und freut Euch, daß wieder ein neues Jahrhundert für Eure Sorte Liebe beginnt. Meine Zeit ist's noch nicht, ich muß warten bis sie kommt.

Plötzlich, als besinne sie sich eines Anderen, strich sie das volle schwarze Haar, das über ihre Stirne gefallen war, mit lebhafter Bewegung zurück und rief: Pfui, Rahel! schäme Dich und krächze nicht Deine Kassandralieder, die ganz aus der Mode sind, in gebildeter Gesellschaft. Ihr Alle habt Recht, und ich allein bin eine Thörin; denn meine Liebe gleicht schweren Goldbarren, die Niemand nützen im täglichen Verkehr, die Niemand begehren kann, weil das Prägen nur Königen zusteht. Eure Liebe ist schöne, gangbare Münze, die Lebensgenuß verschafft. Gentz, Tilly, Schlegel, wer will mich Eure Sorte Liebe lehren, ich bin auch jung und will auch das Jahrhundert genießen, so gut als — der Prinz! — rief sie, als sich plötzlich die Thüre öffnete und der junge General hereintrat, dem wir schon zweimal begegnet sind.

Es war Prinz Louis Ferdinand, der Neffe Friedrichs des Großen, der Vetter des regierenden Königs, eine jugendliche Heldengestalt in voller Schönheit und Majestät.

Frau v. Grotthuß ging ihm entgegen, Alle standen auf, ihn zu begrüßen; er war vertraut in diesem Kreise. Man wünschte ihm Glück zum neuen Jahre und er erwiederte es freundlich, während sein Auge Jemand zu suchen schien. Endlich fragte er: Ist Vetter nicht hier?

So wissen Sie es nicht, Hoheit! sagte Rahel lebhaft, „daß heute bei der Geheimräthin Cäsar Paulinens Verlobung gefeiert wird?

Mit Vetter? fragte der Prinz.

Nein, mit Wiesel!

O! das ist unmöglich, denn Vetter selbst hat mir gesagt, so oft er von Mademoiselle Wiesel sprach, daß er sie anbete.

Niemand begreift es, sagte Gentz. Pauline, das reizendste Geschöpf, das die Erde trägt, voll Geist, voll Herz und Phantasie, umschwärmt, begehrt von aller Welt, behauptet plötzlich, Wiesel zu lieben, der gar nicht an eine Heirath mit ihr dachte, um so weniger, als er Vetters Leidenschaft für sie kannte, der sein Freund ist. Indeß zu klug, die Hände nicht zusammen zu schlagen, wenn der Zufall ihm eine Krone zuwirft, hat Wiesel Paulinens Gunst angenommen. In wenig Wochen ist die Hochzeit, und das junge Paar geht in Vetter's Begleitung auf Reisen.

Ihrem Manne eine Krone zu verschaffen, ist Pauline die rechte Natur! meinte Tilly.

Und Sie würden gern der Erste sein, der das nöthige Material dazu lieferte, warf Gentz hin.

Thorheit! fiel Dorothea Schlegel ihnen in's Wort. Pauline kann wohl wie die Julia des Shakespeare sagen: „Doch glaube, Mann, ich werde treuer sein, als die, die fremd zu thun geschickter sind." Hoheit kennen Pauline doch?

Nein! antwortete der Prinz, der während dessen neben Rahel Platz genommen hatte. Ich erinnere mich ihrer nur als eines Kindes, aus der Zeit, in welcher ihr Vater noch in Diensten meines Vaters stand; später habe ich sie wohl noch einmal als heranwachsendes Mädchen gesehen, ehe ich zur Campagne an den Rhein ging. Dann starb ihr Vater, sie verließen ihre Wohnung im

Schloſſe, waren auf Reiſen und ich ebenfalls oft abweſend von
Berlin, ſo daß ich ſie nicht wiedererkennen würde. Sie ſoll ſehr
ſchön ſein.

Sich ewig verdammen zu laſſen für Sie! rief Tilly, und
Gentz fügte hinzu: Beſonders, wenn man nicht an die ewige Ver-
dammniß glaubt.

Paulinens Vorzüge und Mängel, ihr Verhältniß zu Wieſel
und ihre beabſichtigte Reiſe zu Dreien wurden nach allen Rich-
tungen hin beſprochen und zergliedert, während der Prinz, gegen
Rahel gewendet, es beklagte, den Referendarius Vetter nicht hier
gefunden zu haben, den er unter allen Perſonen des Kreiſes, um
ſeiner Offenheit und Friſche willen, beſonders werth hielt.

Er erzählte Rahel, wie er den ganzen Abend mit ſich gekämpft
unter dem Drucke einer unüberwindlichen Schwermuth, er ſchil-
derte ihr ſein Verweilen am Lager ſeines Kindes, das entſetzliche
Ereigniß in der Kaſerne, die wilden Phantaſiegebilde, vor denen
er Zuflucht geſucht in dieſem Kreiſe, er legte einen Theil ſeines
Schmerzes in ihre Seele nieder.

Sie hörte ihm mit tiefem Verſtändniß zu, während die Worte
geflügelten Scherzes und munterer Laune von den Lippen der
Anderen ſtrömten. Pläne und Wünſche für die nächſte Zukunft
wurden ausgeſprochen, und Alle lachten, als die Unzelmann ſich
nur ewige Jugend und ewige Schönheit wünſchte, weil dieſe für
ſie der Zauberſtab zu allem Glück der Erde wären.

Eine Schauſpielerin und ein Prinz bedürfen nur dies, alles
Andere haben wir, ſagte ſie neckend; darin Hoheit bin ich Ihres
Gleichen.

Prinz Louis hat nicht ſeines Gleichen! rief Frau von Grotthuß ſchmeichelnd.

O doch! meinte Rahel, Ich bin ſeines Gleichen!

Man nahm es für einen Scherz, der Prinz aber verſtand ſie
und, ſich zu ihr neigend, ſprach er leiſe: Das heißt, Sie ſind ein-

sam, machtlos, unglücklich! und dazu — ewige Jugend! rief er laut, stürzte, als habe er einen Toast ausgebracht, sein volles Glas hinunter und verlor sich, die Schwermuth durch erzwungene Lust bekämpfend, in eine wilde Laune, die sich bis zur tollsten Ausgelassenheit steigerte.

Es war gegen Morgen, als Prinz Louis in das Palais zurückkehrte, sich überreizt an seinem Flügel niederwarf und in mächtigen Phantasieen die stürmische Gluth seiner Seele ausströmte, um sich zu beruhigen, ehe er erschöpft sein Lager suchte.

Fünftes Kapitel.

Prinz Louis Ferdinand stand in seinem acht und zwanzigsten Jahre. Geboren mit allen körperlichen und geistigen Vorzügen, welche den Helden machen, hätte er in einer kraftvollen Zeit, wie die Regierungsjahre Friedrichs des Großen, das rechte Feld für die Benutzung seiner Anlagen gefunden. Aber weder die letzten Regierungsjahre Friedrich Wilhelms des Zweiten, noch die ersten seines Nachfolgers, boten einer feurigen Heldennatur Gelegenheit zur That.

Freilich hatte der Prinz die beiden unglücklichen Feldzüge am Rheine und in der Champagne zu Gunsten des französischen Königthumes mitgemacht, und sich durch Beweise persönlichen Muthes hervorgethan; bei seiner großen Jugend war jedoch seine Stellung im Heere keine entscheidende gewesen, und der ganze Krieg konnte, als ein unreifes und unfruchtbares Unternehmen, dem fürstlichen Jünglinge keine erhebende Erinnerung gewähren.

Durch den darauf folgenden Frieden seiner eigentlichen Laufbahn entrückt, der Krone nahe genug, um ihre Macht sich angemessen zu halten, und doch durch die monarchische Regierungsform des Vaterlandes von jedem Einfluß auf die Regierung ausgeschlossen, blieb für die thatkräftige Seele des Prinzen keine Sphäre, in der sie sich schöpferisch oder auch nur wirksam beweisen konnte. Die Musik, welche er leidenschaftlich liebte und als Virtuose trieb, füllte viele seiner Stunden aus; als Bürgerlicher wäre er vielleicht glücklich durch sie geworden, hätte er vielleicht in dem Ruhm des Künstlers Genüge gefunden. In seiner Stellung war das unmöglich; und ernsten wissenschaftlichen Beschäftigungen widerstrebte seine unruhige Lebhaftigkeit, sobald in ihnen nicht ein bestimmter Bezug auf das wirkliche Leben, auf den Fortschritt und die Entwicklung des Vaterlandes abzusehen war, an dem der Prinz mit leidenschaftlicher Begeisterung hing.

Die damaligen Zustände Preußens waren jedoch nicht von der Art, dieser Begeisterung Nahrung zu geben. Ueberall an den Grenzen von Feinden umringt, in seinem Besitz, in seinen Rechten bereits vielfach gekränkt, schien der König in seiner gänzlichen Unbeweglichkeit Schutz gegen Frankreich zu suchen, wie die Wilden sich todt stellen, wenn sie dem Tiger nicht mehr entgehen können, dessen raubgierige Kralle sich über ihnen erhebt. Dem Prinzen, einer ganz persönlichen, auf sich und ihr inneres Bedürfen, nicht auf das Allgemeine gerichteten Natur, mußte dies schweigende Ertragen der Unbill durchaus unleidlich erscheinen, und, unfähig diese Zustände zu ändern, strebte er nur noch, sie in Genüssen jeder Art wo möglich zu vergessen.

Indeß die Leichtigkeit sich diese Genüsse zu verschaffen, trug für ihn den ersten Keim des Ueberdrusses in sich. In der Liebe, im Spiel, in tollkühnen körperlichen Uebungen suchte er nur die nöthige Bewegung, die erforderliche Spannung für seine Seele. Umsonst! Mühlos und leicht errang er Liebe, wo er sie begehrte; Gewinn und Verlust im Spiele beschäftigten ihn nur während flüchtiger Augenblicke, und die Gewißheit, jeder ritterlichen Uebung Meister, seines Körpers Herr zu sein in der Gefahr, raubte für ihn selbst dieser ihren anregenden Reiz.

Ermüdet von den vergeblichen Bestrebungen, sich innere Be=

friedigung zu verschaffen, hatte der Prinz sich etwa zwei Jahre
vor dem Beginne unserer Erzählung nach Schricke, seinem Land=
sitze bei Magdeburg, zurückgezogen. Dort war ihm in der Familie
seines Verwalters, des Amtsraths Fromm, die Nichte desselben,
Henriette Fromm, begegnet, die, seit kurzem verwaist und mit
einem Kammerrath verlobt, bis zu ihrer Hochzeit im Hause des
Onkels verweilen sollte.

Henriette Fromm war damals achtzehn Jahre alt und das
Bild reinster, schuldlosester Jugend gewesen. Unberührt von dem
zügellosen Leben der großen Welt, in der ländlichen Stille eines
Pfarrwittwenhauses erwachsen, hatte sie den Glauben an Gott, an
Menschen und Tugend bewahrt, der dem Prinzen durch seine Er=
fahrungen in einer verderbten Gesellschaft schon lange entrissen
war. Ihre Kindlichkeit, ihre jugendliche Schönheit fesselten ihn.
Stundenlang konnte er bei ihr sitzen und der Bewegung ihrer
zierlichen Hände folgen, wenn sie die Leinenvorräthe ihrer Aus=
steuer nähte und, das Köpfchen dann und wann in die Höhe he=
bend, ihm von den einfachen Ereignissen ihres Lebens erzählte.
Ihre Mutter hatte die wärmste Liebe ihres Herzens besessen; in
dem Andenken an sie sammelten sich noch jetzt alle Strahlen ihrer
Seele, während sie für den bedeutend ältern Bräutigam jene ach=
tungsvolle Hingebung hegte, die nur ihr eigenes unerfahrenes Herz
für Liebe halten konnte. Sanfte Ruhe und Jungfräulichkeit machten
die Grundzüge ihres Wesens und das Entzücken des Prinzen aus.

Gewohnt an die Zuvorkommenheiten, welche die Frauen der
vornehmen Gesellschaft für den schönen geistvollen Fürsten an den
Tag legten, von ihrer Gefallsucht abwechselnd angezogen und ab=
gestoßen, aber doch immer in unbefriedigender Bewegung erhalten,
ward ihm die absichtslose, kindliche Freundlichkeit Henriettens zu
einer wahrhaften Erquickung. Sie dachte nicht daran, ihm zu ge=
fallen, sie fragte sich nicht, welchen Eindruck er auf sie mache; war
er doch ein Prinz, sie ein Bürgermädchen und obenein die Braut

eines geliebten Mannes. Sie fühlte sich sicher, ja nicht einmal der Gedanke an die Möglichkeit einer Gefahr kam in ihre Seele, als in der Brust des Prinzen die harmlose Freude an ihrer Natur schon längst dem Wunsche nach ihrem Besitze gewichen war.

Wie es den vom Sonnenbrand der Heerstraße Ermatteten sehnsüchtig lockt, Schatten zu suchen im stillen Hain, an rieselnder Quelle, so zog es den Prinzen, sich in der Reinheit dieses kind= lichen Weibes neues Leben, neue Liebe und neuen Glauben zu gewinnen. Sie sollte der Engel sein, der ihn einführte in die stille Umfriedung ihres eigenen Lebens, der Lichtglanz ihrer Natur sollte die Dämonen des Ehrgeizes, des Ueberdrusses, des Unge= nügens von ihm scheuchen. Je näher der Tag ihrer Hochzeit kam, je undenkbarer schien es ihm, jemals die Gegenwart dieses Mäd= chens wieder entbehren zu können.

Nie hatte er sich mitten in dem Leben eines bewegten Hofes, in dem Vergnügungsstrudel der großen Stadt, so ausgefüllt, so in sich begnügt gefühlt, als in Henriettens Nähe. Die kleinen Verrichtungen des Haushaltes, bei denen sie behilflich war, ge= wannen Reiz für ihn. Der Stand des Landmannes, sein näheres Verhältniß zur Natur, die Herrschaft, die Wirksamkeit in einem kleinen Kreise wurden ihm lieb, und der Gedanke, sich an Hen= riettens Seite dies stille Glück zu gründen, darin Ersatz zu suchen für Alles, was ihm unerreichbar war, beschäftigte seine Seele immer lebhafter.

Allmälig steigerte sich dieser Gedanke, der ein poetisches Spiel= werk der Phantasie gewesen war, an seiner Sinnlichkeit bis zu einer Leidenschaft, die er weder verbergen wollte noch konnte. Henriettens ruhige Sicherheit schwand vor dieser Flamme, wie das sanfte Morgenroth vor dem aufglühenden Tage. Sie liebte den Prinzen, ehe sie selbst es wußte, und, gedrängt von seinen stürmischen Bitten, wie von der Gewalt des eigenen Herzens, verließ sie nach der Ankunft ihres Bräutigams, am Vorabende

des Hochzeitstages, heimlich mit dem Prinzen das Haus ihrer
Verwandten, um ihm nach Berlin zu folgen.

Aber der Knabe, der in wilder Lust, mit flammenden Wangen,
den glänzenden Schmetterling verfolgt und aufjubelt in Besitzes-
freude, wenn seine Hand ihn aus der Luft herabzieht, bedenkt
nicht, daß er damit den leuchtenden Schmetterling verletzt und
ihm die schönsten Farben seiner Schwingen raubt. Dasselbe geschah dem Prinzen mit Henriette. Dem Familienleben, der ehrenvollen Häuslichkeit im Kreise ihres Onkels entrissen, hineingezogen
in eine fremde Welt, verlor Henriette die unschuldige Ruhe und
Heiterkeit ihrer Seele, die ihren Hauptreiz gemacht für das Empfinden des Prinzen. Der Luxus, mit dem seine verschwenderische
Liebe sie überhäufte, bot ihr keinen Ersatz für ihre stille, friedliche
Heimath. Sie fühlte sich beengt, gedrückt in den Mauern der
großen Stadt, wie sie sich fremd fühlte in der Gesellschaft der
geistreichen Männer und Frauen, in die der Prinz sie führte.
Die frische Feldblume konnte nicht in der künstlichen Atmosphäre
des Treibhauses gedeihen. Ihre Begriffe von Recht und Sitte
zeigten ihr in jedem Augenblicke, in dem nicht die Liebe und die
Gegenwart des Prinzen sie über jedes Bedenken forttrugen, ihr
Verhältniß zu ihm in der Ehrlosigkeit, mit der die bürgerliche
Gesellschaft es brandmarkte. Sie gerieth in den vollständigsten
Zwiespalt mit sich selbst. Ihre Liebe, die sie nicht lassen konnte,
schien ihr ein Verbrechen; bürgerlich ehrlos auch in ihren eigenen
Augen fühlte sie sich durch die Freiheit der Sitten, die in ihrer
nächsten Umgebung herrschte, dennoch tödtlich verwundet. Sie
verachtete die untreuen Frauen, die leichtfertigen Männer, und
konnte sich selbst weder anklagen noch freisprechen. Was ihr heilig
war, Tugend, Sitte, Religion, wurden in ihrer Gegenwart ver-
spottet; man nahm ihr den Boden ihres Daseins, und der Prinz
wurde mißmüthig, fühlte sich gekränkt, da die Blume nicht mehr
blühen wollte, die er doch selbst gebrochen hatte.

Henriettens Trauer, ihr stilles Leiden steigerten und erkalteten abwechselnd seine Liebe. Er suchte Zerstreuung fern von der Geliebten, ihre Eifersucht wurde rege. Sie war der Verzweiflung nahe, als die Hoffnung Mutter zu werden, sie auf's Neue erhob und die Rückkehr ihrer Heiterkeit ihr die volle Liebe des Prinzen wieder zu geben schien.

Aber dauerndes Glück war für Henriette in ihren Verhältnissen unmöglich. Voll und ganz, wie sie einst die Mutter geliebt hatte, gab sie sich dem Prinzen hin. Er war ihre Welt. Er sollte ihr Ersatz sein für die verlorne Ehre, für den verlornen Frieden, er sollte sie lieben, wie sie ihn. In ihr, in dem Kinde sollte er auch seine Welt finden, wie er es ihr in den Tagen verheißen und geschworen, die ihrer Flucht vorangegangen waren. Sie mußte nicht, daß sie Unmögliches verlangte.

Prinz Louis liebte Henriette, liebte den Sohn, den sie ihm geboren hatte; aber der Adler lernt es nicht, in dem Taubenschlag zu wohnen. Große weltumgestaltende Ereignisse tauchten aus dem Schooße der Zeiten hervor, Bonapartes Riesengestalt hielt die Würfel zum großen Spiele um Kronen und Völker bereits in ihrer ehernen Hand und schien die Mitspieler zu erwarten auf dem blutigen Plan; Preußen mußte der nächste Einsatz sein.

Des Prinzen ganze Seele, auf diesen Punkt gerichtet, erbebte in höchster Spannung all' ihrer Kräfte; das Idyll seiner Liebe trat vor dem Epos der Weltgeschichte in den Hintergrund, und Henriettens einsame Trauer bewies ihm, daß er ihr Unglück begründet habe, ohne selbst reicher zu werden an Glück. Sie liebten, aber sie verstanden einander nicht. Was der Eine besaß, konnte der Andre nicht brauchen. An den Quellen der Liebe schmachteten Beide mit brennender Lippe nach Erquickung, nach Verständniß, in dem allein das Glück des Einandergehörens beruht, und nur in der Liebe für ihr Kind begegneten sich ihre Seelen in vollem, tiefem Empfinden.

Sechstes Kapitel.

Es war an einem der letzten Tage des Februar, als Rahel Levin einsam an dem Fenster des Erkerstübchens saß, das sie in dem Hause ihrer Mutter bewohnte, und hinab sah auf die Jägerstraße, durch welche die Leute sich nach dem Schauspielhause begaben, um der ersten Aufführung des Götheschen Egmonts beizuwohnen. Sie selbst ward von dem Besuche des Theaters, für das sie lebhaften Antheil nahm, durch einen der Krankheitsanfälle abgehalten, denen ihre Nervenreizbarkeit sie häufig unterwarf.

Ihre niedrigen, aber freundlichen Zimmer, welche sonst allabendlich einige ihrer Bekannten in sich aufnahmen, schienen heute, des Theaters wegen, leer bleiben zu sollen. Plötzlich klopfte es an ihre Thüre, und der Referendarius Vetter trat in das Gemach.

Es war ein schlanker, hübscher Mann in den ersten zwanziger Jahren. Eine hohe, biegsame Gestalt, ein heiteres lebensfrohes Gesicht.

Rahel reichte ihm die Hand entgegen und sagte: Sie kommen Abschied zu nehmen, lieber Vetter! nicht wahr? Wiesel mit der Frau waren vor einigen Stunden zu gleichem Zwecke hier, und sagten mir, daß Sie wirklich bei dem Vorsatze geblieben wären, das junge Paar auf seiner Reise zu begleiten!

Es lag ein Ton mißbilligenden Zweifels, eine Art von Be=
sorgniß in Rahels Worten, welche Vetter wohl empfand, und die
ihn zu der Frage veranlaßten: Und sollte ich nicht?

Nein! antwortete Rahel bestimmt.

Vetter schien von dieser festen Entschiedenheit betroffen, schwieg
einen Augenblick und sagte dann: Liebe Freundin! verdammen
Sie mich nicht; ich folge einer innern Nothwendigkeit, ich kann
nicht anders.

Dann müssen Sie freilich! gab Rahel zu; aber sind Sie ge=
wiß, daß Ihre Leidenschaft Sie nicht über sich selbst verblendet?
Innere Nothwendigkeit, der wir folgen müssen, ist nur das, was
uns in ruhigem Seelenzustande als solche erscheint. Sie sind
nicht ruhig, Vetter! Ihr Herz ist von tiefem Leid durchwühlt,
Sie sind eifersüchtig und —

Und doch muß ich mit! fiel er ihr in das Wort, sowohl um
meinetwillen, als Paulinens wegen. Ich kann Pauline nicht ent=
behren, ich bete sie an, ich liebe sie bis zur Raserei, aber auch
Wiesel ist mir werth. Ich schätze ihn um seines klaren, unerbitt=
lich scharfen Verstandes willen, seine Kenntnisse sind bedeutend,
sein Umgang fördernd. Er ist ein zuverlässiger Freund für Män=
ner, die in sich selbst die Richtschnur für ihr Handeln haben; das
werden Sie mir jedoch zugestehen, er ist kein Mann, in dessen
Herzen die Liebe einer jungen Frauenseele wohl geborgen wäre;
er ist gefährlich und doppelt gefährlich für Pauline. Ihre Phan=
tasie, ihr Verstand werden seine Theorie des Egoismus in sich
aufnehmen und ihre Seele wird darunter verwildern, ihr Herz
leiden. Ich zittere für ihr Glück.

Das muß Jeder, sagte Rahel, der Wiesel kennt. Wie die
wahnsinnigen Alchymisten Diamanten und Gold verbrennen und
mit Scheidewasser auflösen, um den Stein der Weisen zu finden,
so zersetzt Wiesel mit seinem ätzenden Verstande alles Große und
Gute, woran man sich erbaut, um als letzten Kern der Handlun=

gen den Egoismus zu entdecken. Ich bin oft vor ihm erschrocken, wenn er uns eine Erhabenheit, an die wir glaubten, mit diabolischem Lächeln als nackten Egoismus zeigte, wenn er uns die Asche der Diamanten hinstreute und sie verächtlich in die Luft blies. Auch Pauline selbst kennt ihn von dieser Seite; fürchtet ihn und — verliebt sich in ihn. Das ist natürlich.

Nein! liebe Rahel, das ist es nicht! rief Vetter. Pauline kann die Treulosigkeit jenes Schuwaloff nicht vergessen, den sie noch heute leidenschaftlich liebt. Als er, uneingedenk seiner Schwüre, uneingedenk ihrer Hingebung, sie verließ und sich verheirathete, da trat Wiesel auf und rief sein Feldgeschrei: Die Liebe ist Egoismus, sie endet, wenn sie es sich angemessen findet; Hingebung ist Wahnsinn, Genuß liegt nur in der Herrschaft, die wir über Andere üben. Das hat Pauline schmerzbetäubt geglaubt, das predigt ihr Wiesel als Richtschnur ihrer Handlungen, das ist der Zauberspruch, mit dem er sie absichtslos fesselte. Ihre Ehe wird ein Kampf um Herrschaft sein, und in diesem Kampfe will ich Pauline nicht verlassen, ich will ihr zur Seite bleiben, denn das Erwachen aus ihrer Verblendung wird furchtbar sein.

Und denken Sie nicht, lieber Vetter! an das, was Sie selbst leiden werden? Denken Sie nicht an Ihr eigenes Glück?

Glück? der Rausch des Genusses, den man oft Glück nennt, reizt mich nicht mehr, ich habe ihn seit Jahren erprobt; aber Pauline gewährt mir ein anderes Glück: das Glück des leidensvollsten Liebesschmerzes. Ich muß für sie sorgen, ich muß sie begleiten, denn ich liebe Pauline! antwortete er, mit solcher Opferfreudigkeit und Selbstverleugnung, daß Rahel ihm die Hände reichte.

Gehen Sie mit Gott! sagte sie warm; Sie müssen und Sie können Pauline begleiten; denn trotz Ihrer Leidenschaft werden Sie ein guter Engel sein für die Arme. Ich gebe Ihnen meinen Segen.

Bei diesen Worten stand sie auf, legte ihre Hände auf seine Schultern, sah ihm prüfend in die Augen, während sich die ihren mit Thränen füllten, und drückte einen flüchtigen Kuß auf seine Stirne. Vetter preßte ihre Hände an seine Lippen. Dann warf sie sich in ihren Lehnstuhl zurück und sagte: Nun behaupte einmal Einer, daß es nicht einen gerechten Gott im Himmel giebt, der für die Guten sorgt. Da ärgre ich mich und schmolle über mein Geschick, über meine elende Gesundheit, die mir den Genuß des Egmont versagt, und da kommt das Schicksal ganz ruhig und sachte und spricht: sei still, Rahel, weine nicht; ich habe was Besseres für Dich! das zeige ich Dir allein. Was ist's, frage ich? Einen guten Menschen! antwortet das Schicksal, und Vetter kommt und meine ganze Seele liegt vor ihm auf Knieen — in der stockfinstern Stube! rief sie mit einem Tone, der zwischen Schmerz und tiefer Rührung schwankte, während sie zur Klingel eilte, um Licht zu bestellen.

Als man dies brachte, sah Vetter nach der Uhr und verkündete Rahel, daß Prinz Louis sich vorgenommen habe, sie zu besuchen, sobald eine Audienz bei dem Könige zu Ende sei, zu der man ihn am Morgen beschieden hatte. Die Stunde war vorüber und bald darauf trat der Prinz in das Zimmer.

Sein ganzes Wesen zeugte von heftigster Erregung. Rahel und Vetter fragten ihn, was ihm begegnet sei?

O! eine Kleinigkeit! rief er. Mein königlicher Kousin hat mir gesagt, ich sei ein naseweiser Bursche, hat mir erklärt, es sei mein Beruf zu vegetiren in der Sonne seiner Gnade, und ich sei ein Nichts, wenn mir diese fehle!

Hoheit! sagten Vetter und Rahel zugleich, mit tiefem Erschrecken, das ist unmöglich, das hat der König nicht gesagt.

Es ist der Sinn der Rede! rief der Prinz, der Schleier des Wortes verhüllt ihn, ohne ihn zu verbergen.

Er ging heftig im Zimmer umher, warf den Degen von sich

3 *

und rang mühsam nach Fassung. Vetter wollte sprechen, um ihn zu beruhigen, aber Rahel gab ihm ein Zeichen, zu schweigen, und flüsterte leise: Das aufgeregte Meer mit Oel besänftigen kann man nicht; es wird nur ruhig, ist der Sturm vorüber. Lassen Sie ihn gewähren.

Eine Weile schwiegen Alle, nur einzelne heftige Bewegungen des Prinzen verriethen den Kampf seines Innern, dann blieb er stehen und sagte: Es giebt sogenannte Gemeinplätze, deren schreckliche Wahrheit uns oft durch Keulenschläge des Schicksals klar gemacht wird. Der Maler, der ohne Hände geboren ward, das ist ein ganz gewöhnlich Bild; aber nun denkt, daß ein schadenfroher Dämon es über seine Wiege schrieb: Dies ist ein Maler; daß alle Welt ihn fragt: Maler! warum malst Du nicht? Daß seine ganze Seele danach dürstet, daß sie sich in Gluthen verzehrt, die Bilder seines Innern schöpferisch zu gestalten, und — daß er keine Hände hat! Entsetzlich! rief er selbst und fing wieder an auf und ab zu schreiten.

Da trat Rahel an ihn heran, legte ihre Hand sanft auf seinen Arm und bat ihn: Haben Sie Mitleid mit mir, Ihre Erregtheit martert mich, die Angst um Sie schnürt mir das Herz zusammen, sprechen Sie um Gotteswillen! was ist vorgegangen Hoheit?

Der Prinz blieb stehen, gab Rahel freundlich die Hand und ließ sich von ihr zum Sopha führen, auf dem er neben ihr Platz nahm, dann hub er also an: Ich habe Ihnen Beiden das Begegniß der Neujahrsnacht, den Mord der Friederike Flemming durch ihren Bräutigam erzählt, und wie sehr ich davon erschüttert wurde. Schon am nächsten Tage hatte ich die nöthigen Schritte gethan, die Wahrheit zu erforschen. Es verhielt sich Alles, wie der unglückliche Mensch es mir berichtet hatte, und dennoch verurtheilte man ihn zum Tode. Ich sprach mit allen einzelnen Gliedern des Gerichtes; ich suchte nicht ihr Mitleid für ihn zu gewinnen, nur ihr Rechtsgefühl zu erregen, ihnen nur die Einsicht aufzudringen, daß man den nicht einen Verbrecher nennen könne, der, durch fremde Bosheit, durch Unverstand und Liebe getrieben, einen Mord vollbringt, vor dem sein eigenes liebevolles Herz zurückbebt. Umsonst! Man gab mir Recht, aber man blieb dabei, er müsse sterben, um so mehr, als mancherlei Dienstwidrigkeiten und Ueberspannungen in Folge der französischen Ereignisse im Heere sich bemerkbar machten, und man ein Exempel statuiren wollte. Ich trug der Königin die Sache vor, ich suchte ihre Theilnahme zu erregen; sie fühlte wie ich, aber auch ihre Fürbitte scheiterte an der Ueberzeugung des Königs, daß eiserne Strenge das Heer zusammenhalten müsse. Als ob Strenge der Obern denkende Menschen in Maschinen verwandeln, ihren Herzen zu schlagen, ihrem Hirn zu denken verbieten könne!

Aber der Unglückliche hat ja schon vor vielen Tagen seine That mit dem Leben bezahlt, wendete Vetter ein, wodurch sind denn Hoheit in diesem Augenblick so lebhaft auf das traurige Ereigniß zurückgeführt worden?

Hören Sie nur! Sie wissen, daß ich den Kugler am Tage vor seinem Tode aufsuchte, daß ich ihn um seine letzten Wünsche befragte, und daß er ruhig war gleich einem Helden. Er hat mir die Sorge für eine alte blinde Mutter übertragen; sie allein machte ihm den Tod schwer, denn er selbst war lebensmüde ganz und gar. Als er hingerichtet war, als ich für ihn Nichts thun konnte, dachte ich nur an Bestrafung des elenden Heldrich, dessen Verfolgungen den Kugler zum Morde getrieben hatten. Er war gerichtlich unantastbar. Er hatte keine Gewaltthat begangen, seine Drohungen, so ernst sie gemeint waren, wurden für leere Redensarten eines heftigen Menschen erklärt, und ein Verweis war Alles, was ihn traf. Mein ganzes Empfinden empörte sich dagegen. Wo der Arm staatlicher Justiz nicht hinreicht, muß menschliches Rechtsgefühl den Richter machen. Ich sprach mit

einigen Offizieren des Regimentes Gensd'armen davon, ich ver=
langte ihre Einwirkung auf die Offiziere des Regimentes von
Kaniß, bei welchem Heldrich stand; sie mußten diese zu der Erklä=
rung zu stimmen, daß sie mit Heldrich nicht dienen wollten;
Heldrich ward moralisch gezwungen, seinen Abschied zu fordern.

Das lohne Ihnen der Himmel! rief Rahel erglühend.

Das dankt mir der Teufel! warf der Prinz spöttisch hin.
Heute früh werde ich zur Majestät befohlen. Als ich eintrete, ist
die Königin bei ihm mit den Kindern, er schickt sie fort und nun
beginnt ein förmliches Verhör. Ich solle mich rechtfertigen über
meine Einmischung in Verhältnisse, die über und unter meiner
Sphäre liegen. Mein Besuch in der Kaserne, meine Unterredungen
mit Kugler werden unschicklich und ungesetzlich genannt; meine
Verwendung bei seinen Richtern verbrecherisch; meine Einwirkung
auf Heldrich's Kameraden leichtsinnig. Der König warf mir vor,
daß ich nach einer leicht erkäuflichen Popularität strebe, daß ich
sie erringen wolle zum Nachtheil des Staates und meiner eigenen
Würde, aus bloßer Ruhmsucht. Ich vertheidigte mich ruhig mit
Selbstüberwindung. Ich versicherte dem König, daß ich nur Ge=
legenheit fordere, zu beweisen, ob das Wohl Preußens mir theuer
sei; in jedem Augenblicke sei ich bereit, mein Blut dafür zu ver=
gießen. Aber nicht, es zu zügeln in seinen gefährlichen Wallungen!
sagte der König. Hoheit sind ungeduldig, möchten, daß ich Krieg
anfinge zu Ihrer Zerstreuung, aber auch ich liebe mein Volk,
wenn schon anders als Sie. Wer sein Volk liebt, muß auf eigenen
Ruhm verzichten können, nicht ihn suchen in der wohlfeilen Be=
wunderung der Unterthanen. Ich betheuerte, daß ich nicht nach
Ruhm gestrebt habe, daß ich einzig dem inneren Drange gefolgt
sei; ich stellte dem Könige die Niederträchtigkeit Heldrich's vor,
und was meinen Sie, daß er mir antwortete?

Der Prinz stand auf und ging wieder im Zimmer umher.
Ob Hoheit wohl auch so streng gedacht haben über Moral, sagte

der König, an dem Tage, an dem Sie Mamsell Fromm ent-
führten?

Rahel und Vetter fuhren empor. Sie erschrecken? fragte der
Prinz. Auch mich durchfuhr es wie ein Dolchstoß, und ich mußte
schweigen, denn er ist mein König, ich bin sein Unterthan. — Und
die Majestät, mit der er auf mich herniedersah, im Gefühle seines
fleckenlosen Lebens! König sein und ein Mensch ohne Leidenschaften, das heißt die Macht haben, zu verwunden bis zum Tode.
Aber, Rahel, Vetter! wie ertragt Ihr denn Eure Ohnmacht, Ihr
seid ja auch Menschen, auch Unterthanen, wie ertragt Ihr das
Unrecht, das Ihr geschehen seht, ohne es ändern zu können, und
das Unrecht, das man Euch selbst thut? Wie ertragt Ihr's?

Lieber Prinz! das fragen Sie eine Jüdin? rief Rahel. Man
erträgt es mit Stolz, mit Zorn, mit großen Thaten und wartet
auf die Rache Jehova's, der ein starker Gott ist. Die Juden sind
das lebende Symbol der Unterdrückung, aber noch lebt auch ihr
alter Gott, und in Frankreich hat er schon angefangen, die Fahne
des Gerichtes gegen die Tyrannei zu schwingen. Geduld, Hoheit!
Sie leiden in Fesseln, wie wir, und goldne Fesseln drücken gleich
eisernen; indeß die Welt hat Raum und Stunde für Jeden zu
den Thaten, die er als seinen Beruf erkennt. Mein Volk wartet
geduldig auf diese Stunde seit fast zwei Tausend Jahren, und
Sie Prinz, wollten ungeduldig werden schon jetzt?

Aber die Zeit drängt! sagte der Prinz.

Um so schneller rückt die Stunde heran! tröstete Rahel.

Ist die Ankunft des Prinzen Adolf von England von poli-
tischem Einfluß, oder ist es eine bloße Lustreise? fragte Vetter,
um den leidenschaftlich Erregten wo möglich von der Rückkehr zu
der Quelle seines Zornes abzuhalten.

Die kleine List gelang. Prinz Louis erzählte, daß es sich um
eine Verbindung Englands und Preußens handle, daß England
Schonung für preußische Schiffe geübt, während es die Schiffe

der übrigen mit Frankreich verbündeten Mächte gekapert habe, und
daß er selbst diese Verbindung lebhaft wünsche. Dabei schilderte
er die persönliche Liebenswürdigkeit des Prinzen, dem er mehrere
Jahre vorher in Pyrmont begegnet war, wo sie sich in der Bewer=
bung um die Gunst einer schönen Frau als Nebenbuhler gegen=
übergestanden, und wo nur durch die Vermittelung des verstorbenen
Königs von Preußen, in dessen Begleitung sich Prinz Louis be=
funden hatte, ein Duell zwischen den beiden fürstlichen Jünglingen
verhütet worden war.

Jetzt, erzählte der Prinz, drängen sich Feste auf Feste ihm zu
Ehren. Morgen ist Diner beim Könige, Abends bei der Königin=
Mutter Ball, dann Maskerade bei meinen Eltern und täglich ein
Fest die ganze Woche durch.

So werden Hoheit gewaltig in Anspruch genommen und viel=
fach beschäftigt sein, meinte Vetter.

Ich werde keines der Feste besuchen. Ich mag dem Könige
nicht begegnen und werde Urlaub fordern, nach Schricke zu gehen.
Der Boden Berlins brennt mir unter den Sohlen, auch Henriette
sehnt sich fort, und wenn mir auch meine Furien überall hin folgen,
so wird sie wenigstens sich dort glücklicher und freier fühlen.

Hoheit! bat Vetter, gehen Sie nicht fort, überwinden Sie
Ihren Zorn, Ihren Unwillen, denken Sie, daß Ihre Anwesenheit
hier nützen kann, so lange Prinz Adolf in Berlin verweilt. Lassen
Sie die Kluft nicht tiefer werden, die Sie vom Könige trennt. Es
kann die Stunde kommen, und sie kommt vielleicht bald, in der
das Vaterland die Hilfe all' seiner Söhne nöthig hat; dann darf
Prinz Louis Ferdinand dem Throne nicht so ferne stehen, daß
seine Einwirkung unmöglich wäre. Bleiben Sie hier!

Ja! bleiben Sie! stimmte Rahel bei. Ein großer Theil des
Volkes sieht auf Sie, liebt Sie. Ihre Ansicht ist maßgebend für
die Jugend, für die Offiziere. Sie müssen bleiben, um das Feuer
der Vaterlandsliebe in diesen nicht verlöschen zu lassen, während

es in dem republikanischen Frankreich in immer helleren Flammen
emporlodert; auch wird der König Sie im Zorne nicht scheiden
lassen. Glauben Sie mir das, Hoheit!

Der Prinz hörte ihnen ruhig zu, dann sagte er: Wie Ihr ge=
schäftig seid, mir einen Einfluß, eine Wichtigkeit vorzuspiegeln, die
ich gar nicht habe, nie haben kann in dieser Zeit! Wie die gute
Rahel mich gleich einem kranken Kinde, mit artigen Mährchen
tröstet! — Sehen Sie, Rahel! Ihre Güte hilft. Das Kind wird
still und lächelt über — die freundliche Trösterin!

Als Vetter den Prinzen beruhigter sah, schickte er sich zum
Fortgehen an und empfahl sich seiner Gunst. Dadurch kam das
Gespräch noch einmal auf Vetters beabsichtigte Reise zurück. Der
Prinz mißbilligte diesen Plan, wie es Rahel zu Anfang ebenfalls
gethan hatte, weil Vetter unnöthig sich den täglichen Folterqualen
der Eifersucht aussetze, und fügte hinzu: Man muß so unmusikalisch
sein als Vetter, um nicht zu fühlen, daß dies nimmermehr einen
reinen Akkord giebt, sondern eine Dissonanz, die schwer zu lösen
sein dürfte.

Ach theurer Prinz! rief Rahel, die meisten Ehen sind unhar=
monisch, und diese Wieselsche Ehe wird ein solches Kapriccio wer=
den, daß es auf eine Dissonanz mehr oder weniger kaum noch
ankommen kann; zudem ist Vetter kein störender Ton, sondern
einer, der hineingehört zur Auflösung der Dissonanz. Lassen wir
ihn gewähren.

Siebentes Kapitel.

Jener erften Aufführung des Egmont war bald eine zweite gefolgt, welcher Rahel in der Loge der Baronin von Grotthuß beigewohnt hatte. Genß war mit ihnen gewesen. Im Wagen der Baronin begleitete er sie nach dem Hause derselben zurück, wo man noch ein Paar Stunden beisammen bleiben wollte.

Frau von Grotthuß war troß ihrer vierzig Jahre noch eine sehr anziehende Erscheinung zu nennen und strahlte heut in allem Glanz der Freude, welche die Begeisterung des Publikums für das Gedicht Göthe's in ihr hervorgerufen hatte. Sie war seit langer Zeit mit Göthe befreundet, sie stand mit ihm in Briefwechsel, hatte ihm gleich nach der ersten Darstellung des Egmont über den Erfolg desselben geschrieben; ihr war zu Muthe, als habe sie Theil an dem Enthusiasmus, den der Dichter erregte.

Genß theilte denselben nicht unbedingt.

Es liegt in diesem Drama, sagte er, wieder ein Stück der inneren Götheschen Lebensentwicklung verborgen, ein Kampf, den er durchgemacht hat, und der unbehaglich auf uns zurückwirkt, weil er offenbar in dem Dichter noch nicht beendet ist. Ueberdem macht die Geistererscheinung am Ende des Dramas, als Schluß dieser ganzen handfesten Wirklichkeit, auf mich den Eindruck, als gäbe mir Jemand nach einem scharfen kernigen Spaniol ein vertrocknetes Veilchen zu riechen.

Frau von Grotthuß fuhr auf und schlug scherzend nach ihm mit dem Ende der Zobelpalatine, die sie über ihr helles, seidnes Kleid geworfen hatte. Sie behauptete, Gentz thue den Ausspruch nur, um sie zu kränken; er aber versicherte, der Schluß mit der Vision habe ihm in beiden Aufführungen einen gleich unangenehmen Eindruck gemacht, und die Siegessymphonie nach dem Fallen des Vorhanges, die Göthe ausdrücklich vorgeschrieben, verstärke sein Mißfallen, denn sie sei eine unpoetische Effektjägerei.

Als dann Frau von Grotthuß in ihn drang, ihr deutlich zu machen, was er unter dem unbeendeten Kampfe Göthe's verstehe, erklärte er sich bereit, dies zu thun, sobald sie zu Hause sein würden, weil er zu dergleichen geistigen Anstrengungen eine äußere Ruhe und Behaglichkeit bedürfe, welche ihm jetzt fehlten. Dabei aber lag er so bequem als möglich in der Ecke des wohlgepolsterten Wagens, und Frau von Grotthuß lachte, als sie sein befriedigtes kluges Gesicht, von dem Lichte der Wagenlaternen beschienen, sich gegenüber erblickte. Er war mäßig groß, etwa sechsunddreißig Jahre alt, und edel gebaut. Sein glattes Haar trug er an den Schläfen ein wenig frisirt; es war so wohl gehalten und zierlich, als die ganze Person. Der blaue Frack mit den Goldknöpfen, die weißen Casimirescarpins und Weste, die seidenen Strümpfe, die Manschetten, das gefältelte Jabot, die Schnallenschuhe, das Alles glänzte in äußerster Sauberkeit. Friedrich Gentz gefiel sich in dieser Eleganz und mußte auch Anderen gefallen.

Frau von Grotthuß, immer bemüht, den Menschen freundlich zu sein, sprach ihm ihren Beifall über die Wahl seiner Kleidung aus, und fragte Rahel, ob sie nicht ebenfalls fände, daß Gentz, wie in Allem, so auch hierin sehr viel guten Geschmack verrathe.

Statt der Antwort rief Rahel, gleich Jemand, der aus einem Traume erwacht und die Wirklichkeit noch nicht begreift: Und er hat ihn doch nicht gekannt; er hat ihn doch nur gesehen, nur flüchtig gesehen!

Wer? Wen? fragten die Andern zugleich.

Göthe den Prinzen!

Aber welchen? fragte die Grotthuß.

Findest Du nicht, liebe Grotta! daß er ihm tausend Züge abgelauscht hat? sagte Rahel lebhaft. Seine entzückende Sorglosigkeit um allen täglichen Bedarf, die so ganz königlich ist; seine Großmuth; selbst seine unerklärliche Liebe für das glückselige, schlichte Bürgermädchen. Und die Begeisterung für die Freiheit und des Volkes Anbetung für ihn! — als ob ich Louis sähe!

Die Baronin blickte sie befremdet an, während Gentz schnell erröthete und dann erblaßte, und Frau von Grotthuß fragte Rahel: Also darum Rahel, hast Du so heftig in dem Theater geweint?

Die Ankunft des Wagens vor dem Hause der Baronin überhob Rahel der Antwort. Gentz, immer achtsam auf alle Formen der Schicklichkeit und Sitte, mußte durch irgend einen Gedanken so beschäftigt sein, daß er dieselben heute vergaß. Ohne den Damen bei dem Aussteigen die Hand zu bieten, schritt er voraus in's Haus, sie der Sorge des Dieners überlassend.

Als sich die drei Personen oben in dem erleuchteten Zimmer gegenüberstanden, konnte Anfangs keiner von ihnen die Unterhaltung beginnen. Es war, als sei ein unerwartetes Ereigniß störend zwischen sie getreten. Frau von Grotthuß gab leise ihrem Diener einige Befehle, Rahel saß ganz erschöpft in der Ecke eines Sopha's, Gentz blätterte in einem Buche, das aufgeschlagen lag. Endlich nahm die Baronin das Wort und fragte Gentz nach gleichgültigen Dingen, aber es wollte kein Gespräch zu Stande kommen. Mit jeder Antwort war die Sache abgethan, und man mußte ein neues Thema suchen. Dieser Zustand, den man vergeblich bekämpfte, wurde Rahel unerträglich. Die Gegenwart der beiden Anderen lastete erdrückend auf ihrer Seele; sie stand auf, erklärte, daß sie

sich unwohl fühle, und bat die Grotthuß um ihren Wagen, weil
sie nach Hause fahren wolle.

Während man anspannte, kam Friedrich Schlegel mit seiner
Frau und der Unzelmann dazu. Die Baronin Grotthuß drückte
dieser ihre Freude aus, sie jetzt schon bei sich zu sehen, und fragte,
ob sie denn nicht ermüdet sei von der Darstellung des Klärchens.

Ermüdet? wiederholte die Unzelmann und ringelte vor dem
Spiegel die langen Phantasielocken ihres schönen Haares zurecht,
die auf den weißen, halbentblößten Busen herabfielen. Doch nicht
durchs Klärchen? das ist ja gar Nichts. Vier Scenen und von
diesen eine ganz ruhig, eine mit einem kleinen Bischen Zärtlichkeit,
dann ein wenig Raserei und darauf gleich ein sanfter Tod jenseits
der Koulissen! so leicht wird's unser Einem selten.

Dabei hat sie wie ein Engel gespielt, meinte Dorothea Schlegel.

Ach! was ist da zu spielen! So eine bürgerliche Verliebtheit
in einen Prinzen, mit Verschämtheit und Herzbrechen, das sind
ja Kleinigkeiten. Der gute Göthe macht es uns bequem; solche
Liebe kostet nicht viel.

Rahel fuhr bei diesen Worten zusammen; Gentz allein sah
es. Man bat sie zu bleiben; die Grotthuß versprach, sie gegen
Kälte, gegen blendendes Licht zu schützen, aber sie lehnte dankend
diese Fürsorge ab und fuhr nach Hause.

Als sie sich entfernt hatte, und man sich zum Theetisch setzte,
näherte sich Frau von Grotthuß ihrem Freunde Gentz. Ich habe
nicht gedacht, daß Sie Rahel so ernstlich lieben! sagte sie.

Wie kommen Sie auf den Gedanken, daß ich es thue?

Weil Sie fassungslos sind über Rahels Leidenschaft für den
Prinzen Louis, die ich wie Sie, auch jetzt erst entdecke.

Gentz antwortete nicht, Frau von Grotthuß schien das auch
nicht zu erwarten, sondern berichtete den Neudazugekommenen
Gentz's Urtheil über den Egmont und bat ihn, dieses nun näher
zu erklären.

Das ist sehr einfach, sagte Gentz; Göthe hat den Begriff der Freiheit, der Leidenschaft, welche ein ganzes Volk für seine Freiheit hegt, nicht in sich aufzunehmen vermocht. Diese Freiheit steht thatsächlich in den Offenbarungen der letzten fünfzehn Jahre vor ihm, aber er für seinen Theil vermag sie nur als Berechtigung für den Einzelnen zu erfassen und auch da nicht als die Hauptsache, welche das Leben eines Menschen gewaltig ergreift, ganz und gar ausfüllt, sondern nur nebenher, als ein Zufälliges, das an ihn herankommt. Freiheit und Tyrannei berühren ihn nur als etwas Persönliches. Er selbst würde freilich Tyrannei schwer empfinden, Freiheit bedürfen. Aber sein Götz kämpft deshalb auch nur für sich, und auch im Egmont fehlt der Begriff der Freiheit als eines Gemeingutes für Alle. Wenigstens tritt sie im Egmont, in ihrem Repräsentanten, nichts weniger als großartig auf. Die Niederländer, die wir als Kämpfer für Freiheit und Glauben bewundern sollen, sind Philister und engherzige Pfahlbürger. Während das Publikum entzückt ist über dies Freiheits-Drama, habe ich die Empfindung, der feine, kluge Göthe habe die Leute zum Besten gehabt, und habe ihnen nur zeigen wollen, wie gleichgültig nach seiner Ansicht die eigentliche Freiheit dem Volke, wie gleichgültig der Adel dagegen sei.

Aber Oranien und Egmont? fiel ihm Dorothea Schlegel in's Wort; diese haben das Gefühl der Freiheit, diese lieben ihr Volk —

Etwa wie ein Vater seine Kinder liebt, bemerkte Gentz, weil es die seinen sind. Der Göthesche Egmont will Nichts, als fröhlich sein Dasein genießen und möglichst viel Ehre und Einfluß erwerben unter spanischer Herrschaft; Oranien möchte ruhig leben, ungekränkt in seinen angebornen Rechten. Es sind gescheute, liebenswürdige, achtbare Männer, aber sicher keine Helden der Freiheit in dem Sinne, wie Sie es meinen theure Frau!

Nein! rief Schlegel, Sie wissen lieber Gentz! ich bin so wenig

als Sie ein blinder Bewunderer Göthe's, aber daß ein heißer
Pulsschlag der Freiheit in diesem Drama lebt, ist nicht wegzu-
leugnen. Sogar Margarethe von Parma und Machiavell haben
Achtung vor den Rechten des Volkes. Machiavell selbst räth zu
religiöser Duldung, und mehr als sterben für die Freiheit, wie
Egmont, kann doch Niemand.

Ein feines Lächeln flog über das Gesicht von Gentz. Unter
dem Drucke der Tyrannei leiden, unter ihrem Beile sterben, heißt
an der Tyrannei, nicht für die Freiheit sterben, sagte er. Im
Egmont sehe ich Nichts, als die schmachvolle Unterdrückung eines
Volkes, die so arg ist, daß selbst ihre Werkzeuge, Margarethe von
Parma, Machiavell und Ferdinand, sich des Mitleids nicht erweh-
ren können.

Die Unzelmann hatte ernsthaft zugehört, nun rief sie plötzlich: Herr Schlegel! Gentz hat Recht. Ich fühle es in mir selbst,
ich kann mich nicht recht für den Egmont begeistern. Ich muß
mir sagen, er ist schön, er ist großmüthig und vor Allem, er ist
ein Prinz, damit ich warm werde. Stehe ich als Thekla dem
Max, als Leonore dem Fiesko gegenüber, so ist das ganz ein Anderes. Egmont ist auch als Liebhaber kalt und vornehm, er läßt
sich lieben; aber wenn er liebt, wird auch der stolzeste Prinz
menschlich wahr und ein liebender Mann.

Sprechen Sie aus Erfahrung, schöne Freundin? fragte Gentz.

Die Unzelmann antwortete nicht und wendete sich achsel-
zuckend ab, während Schlegel sagte: Madame Unzelmann's Ausspruch ist richtig. Die Passivität, die man sonst den Romanhel-
den Göthe's vorwirft, erstreckt sich auch auf den Charakter des
Egmont.

Erklärt mir, wie das zugeht? sagte Frau von Grotthuß. Ich
habe zwei Aufführungen des Egmont beigewohnt, ich habe ein
großes Publikum beide Male auf das Tiefste ergriffen gesehen,
Thränenströme sind geflossen, der Beifall ist endlos gewesen, und

nun sagt Ihr, das sei Nichts? Nun leugnet Ihr Göthe's Mei-
sterschaft? Ach, es lohnt wohl in Deutschland ein großer Dichter
zu sein, unter Euch Undankbaren! Wäre Göthe ein Franzose,
seine Arbeiten wären dem Volke Gesetze, jedes seiner Worte ein
unumstößliches Recht; aber Ihr grübelt und zergliedert, und wenn
Ihr das Götterbild, vor dem Euer Gefühl Euch anbetend in den
Staub warf, auf dem Anatomirtische Eurer kalten Kritik in todte,
leblose Glieder verstümmelt habt, dann wendet Ihr Euch mit
Widerwillen davon ab und ruft: Und davor konnte man knieen!

Dorothea stimmte ihr bei. Sie gestand, durch das Trauer-
spiel höchst ergriffen worden zu sein, vor Allem bewunderte sie
Göthe's tiefe Auffassung und Kenntniß der Frauencharaktere.

Es ist wunderbar dargestellt, das Clärchen, sagte sie. Man
muß ihn empfunden haben wie ich, den Kampf eines Frauenher-
zens, das zwischen gebotener Liebe, zwischen der Dankbarkeit und
Gewohnheit früherer Neigung und einer großen unwiderstehlichen
Leidenschaft schwankt, um Göthe anzubeten für das Clärchen.
Es ist herzzerreißend, einen Mann nicht mehr lieben zu können,
den man einmal geliebt hat, und doch unmöglich, eine friedliche
Liebe festzuhalten, wenn der Sturm der Leidenschaft uns ergreift.

Man müßte alle Frauen entweder in ihrer Liebe kränken,
wie wir es heute mit unserer Wirthin gethan haben, oder sie
mindestens dahin bringen, von Liebe zu sprechen, sagte Gentz zu
Schlegel. Sehen Sie, wie schön die beiden Frauen in diesem
Augenblick sind.

Und ich nicht? fragte die Unzelmann.

Auf ihnen, entgegnete Schlegel, ruht noch der Wiederschein
von dem Beifall der Menge, Sie strahlen noch davon, denn die
höchste Leidenschaft einer Schauspielerin ist doch das Publikum.

Das gab die Unzelmann zu. Sie schilderte die Wechselwir-
kung zwischen dem Schauspieler und den Zuhörern und sagte,
wie ihr heute der sichtliche Eindruck, den ihre Scene mit Egmont

auf Rahel gemacht habe, wahrhaft begeisternd gewesen sei. Ich mußte natürlich den Egmont ansehen und konnte die Blicke nicht von Rahel abwenden, deren ganze Seele in ihren Augen lebte. Sie hauchte mir förmlich neue Gedanken ein; ich fühlte noch das ganze Feuer in der nächsten Scene mit Brackenburg. Aber des unglücklichen Menschen Hände sind immer eisig kalt; als er mich anfaßte, war es mir wieder so unangenehm, daß ich darüber allen Schwung verlor und immer nur dachte: wenn er Dich nur nicht wieder berührte! So hielt ich mich in gemessener Entfernung von ihm, was das Publikum, wie ich von Herrn Schlegel höre, als tief und fein von mir bewundert hat.

Kindisches Kind! sagte Gentz, während die Andern lachten. Es hat nicht Jeder solch marmorfrische Haut als Sie.

Fi donc! wer spricht davon! schalt Frau von Grotthuß.

Warum denn nicht? meinte Schlegel. Von der Farbe, von der Feinheit der Haut darf man sprechen, ohne eine Frau zu beleidigen, warum denn nicht von ihrer Wärme, in der sich eben so ein Theil ihres Wesens, ihres Temperamentes, ihrer Stimmung offenbart? Das sind sittliche Vorurtheile, die aus Unsittlichkeit entstanden. Mir ist die Haut der Thermometer für das Wesen eines Menschen und die Hand, die in der meinen erglüht oder erkaltet, die unter meiner Berührung die Wärme wechselt, sagt mir, was die Lippe verschweigt.

Die Unzelmann nannte dies eine neue Theorie, die so unsicher und so grob materialistisch sei, als Galls eben entdeckte Schädellehre; man spottete und lachte über Schlegels Idee.

Nur Dorothea sah ganz ernsthaft darein. Sie war zu sehr die Schülerin ihres Mannes, zu sehr aufgegangen in seine übersinnlich sinnliche Anschauungsweise, um irgend eine seiner Behauptungen auffallend zu finden.

Seht nur! wie ungerecht dies Lachen ist, sagte sie. Findet Ihr es nicht natürlich und entzückend, daß die Liebe, die das ganze Wesen eines Menschen erfüllt, sich so vielfach als möglich offenbart? daß man strebt, sie in jeder ihrer Aeßerungen zu genießen und zu empfinden? Liegt darin nicht die höchste Anbetung der Liebe?

Nun! meinte Frau von Grotthuß, Schlegels Theorie geht aber für den geselligen Verkehr doch zu sehr in die Details!

Sie bewundern einen Buffon, einen Linné, sagte Schlegel, der das kleinste Thierchen, das zarteste Moosäderchen untersucht, prüft und als einen Theil des großen Ganzen, als einen Theil der Natur verehrt. Wie dürfen Sie es für unsittlich halten, wenn ich der Liebe, dieser Sonne der Natur, gleiche Prüfung, gleiche Anbetung weihe? Erst durch die wahre, volle Erkenntniß der Liebe wird der Mensch ein Mensch, ein würdiger Priester im Tempel der Natur.

Ernsthaft und scherzend besprach man dies Thema noch eine Weile mit aller Freiheit, welche damals in der Unterhaltung herrschte, als die Liebe und die Berechtigung der Leidenschaft den Mittelpunkt bildeten, der die Gesellschaft zusammenhielt. Die Lehre von der Emancipation des Fleisches, welche dreißig Jahre später in Deutschland so heftige Kämpfe erregte, war in dem Bewußtsein jener Zeit und jenes Kreises eine Wahrheit und Friedrich Schlegel einer ihrer eifrigsten Vertreter geworden. Ereignisse aus den Liebesabenteuern der Umgebung wurden als Beweise für die Richtigkeit der Theorie angeführt und mit lebhafter Theilnahme behandelt, bis die Gesellschaft sich trennte.

Achtes Kapitel.

Während die Freunde den Abend so in heiteren Gesprächen ver=
plauderten, und Rahel die Stunden in düsterem Brüten vergingen,
saß die Dienerschaft des Prinzen Louis im Domestikenzimmer
beisammen.

Monsieur François, der erste Kammerdiener, und seit des
Prinzen Kindheit in seinen Diensten, der Leibjäger und der Reit=
knecht, ein besonderer Günstling des Herrn, machten die Haupt=
personen und führten fast ausschließlich die Unterhaltung, der die
übrige, ab= und zugehende Dienerschaft lauschte, während Einzelne
gelegentlich selbst ein paar Worte dazwischen warfen.

An dem Herumschlendern Aller konnte man wahrnehmen,
daß die Herrschaft nicht anwesend, keines Dienstes bedürftig sei.
Monsieur François hatte den Livreerock ausgezogen und beide
Arme behaglich auf den Tisch gelegt, so daß seine fetten, von
keiner Arbeit verdorbenen Hände und sein heiteres, wohlgenährtes
Gesicht hell von dem Lichte auf dem Tische beleuchtet wurden.
Der Reitknecht, ein ehemaliger Soldat des Regimentes Pellegrini,
saß steif in seiner Amtstracht, als gelte es, auf einer Parade zu
erscheinen, und goß aus halbvollen Weinflaschen den Inhalt in
sein Glas, das er, eine Kalkpfeife rauchend, in kurzen Pausen

4*

leerte. Er und der Kammerdiener fühlten offenbar alle Behaglichkeit sicherer Ruhe, während der Jäger, ein schöner, junger
Mensch, dann und wann nach der Uhr blickte, als habe er einen
bestimmten Zeitpunkt zu beobachten.

Voyez Monsieur Johann! sagte François zum Reitknecht, wer
Monsieur Oehrdorf so nach der Uhr blicken sieht, der müßte meinen,
er sei der pünktlichste Diener auf der Welt; mais point du tout!
er ist nur der furchtsamste Liebhaber. Mademoiselle Leonore
schließt ihm die Thüre, wenn er nicht auf die Minute zum Rendezvous kommt, die sie ihm bestimmt hat, und jeder lustige Abend
des Prinzen bringt für Monsieur Oehrdorf einen traurigen zu
Wege.

Kinderei! rief der Jäger mit aller Geckenhaftigkeit eines vornehmen Stutzers, ich bin auch der Mann danach, mich von einem
Mädchen schulmeistern zu lassen! Ich klopfe nicht zum zweiten-
male an eine Thüre, die man mir einmal verschließt!

Nun! wenn Sie gestern, als Sie um zwei Uhr retournirten,
aus Mamsell Leonore's Zimmer kamen, so muß die Gräfin verdammt schlecht heizen lassen für ihre Leute, und die Liebste sehr
kalt gewesen sein, denn sie waren steif gefroren von Kopf bis Fuß
à faire pitié. Ma foi! wenn ich in meinen jungen Jahren von
solcher Aventüre retournirte, da sprühte ich Funken noch zwei
Stunden nachher!

Ist auch was zurückgeblieben von dem Feuer, in dem Kupfer
auf Eurer Nase, sagte der Jäger, die Ihr stecken mögt, wohin
Ihr wollt, nur nicht in meine Angelegenheiten, das verbitte ich mir.

Hat sich was zu verbitten, Oehrdorf! spottete der alte Reitknecht, über Ihn soll man schweigen und über den Prinzen will
Er raisonniren. Hol' mich der Kukuk! Der junge Bursche wird
übermüthig, der Hafer sticht ihn. Vergißt Er, daß Monsieur
François und ich Ihn hieher gebracht? fragte er, und zündete
am Lichte paffend die Pfeife an, die ihm ausgegangen war. Er

hat Nichts zu thun, als hier auf der Bärenhaut zu liegen. Es
ist ein Spaß der Dienst, seit wir die Mamsell Fromm haben.
Früher, ehe wir solide waren, da hätte Er hier sein sollen! Tag
und Nacht auf den Beinen. Morgens mit den Hofdamen zu
Jagdpartien, Nachts auf ein Dorf zu irgend einem hübschen
Weibe. Zwei, drei Meilen im gestreckten Karriere, über Dick und
Dünn, bei Frost und Regen. Und dann hieß es an irgend einem
Fleck, wo der Wald am dichtesten war: Halte Er die Pferde! bis
ich komme, und dann Adieu! Und wenn er wieder kam, dann
war's heller Tag, und nun mit den steifgefrornen Beinen wieder
halloh auf's Pferd und Plein-Karriere zurück, damit man die Parade nicht versäumte! Das war ein anderer Dienst, dabei wurde
man nicht so dick und sah nicht so geleckt aus, wie eine Katze, die
sich geputzt hat. Freilich, von zehn bis eilf bei der Mamsell Fromm
zu warten, und Vormittags ein Zettelchen zu der gelehrten Juden-
mamsell nach der Jägerstraße zu tragen, das ist keine Kunst! Da
hat unser Einer andere Zeiten gehabt!

Er strich sich wohlgefällig den ergrauenden Schnurbart, goß
sich ein neues Glas Wein ein und wollte dasselbe auch für
François thun, der aber schob es vornehm und übersättigt mit der
Hand von sich, und Oehrdorf sagte: Dafür habt Ihr auch andere
Einnahmen gehabt. Das Geld ist Euch nur so zugeflogen von
den vornehmen Damen; bei den bürgerlichen Liebschaften kommt
nichts heraus; Mamsell Fromm hat Nichts.

Lassen Sie Mademoiselle Fromm aus dem Spiele, je vous
prie, sagte François. Es ist wahr, sie giebt nicht viel, aber sie
kostet auch nicht viel, und das ist gut, denn der Prinz ist ein
wenig genirt, wie mir der Intendant sagte, als es neulich hieß,
es solle nach Schricke gegangen werden, weil der Prinz ein ren-
contre mit dem Könige gehabt hat.

Das wäre der Teufel! schon wieder auf dem Trocknen! rief
Johann, und es sind kaum zwei Monate, daß wir Sukkurs er-

halten vom alten Prinzen Heinrich aus Rheinsberg. Ein Prinz ohne Geld, das ist wie ein Fisch auf dem Sande, oder wie diese Pfeife Tabak ohne Luft. Er hielt abermals die Pfeife an das Licht, paffte und fragte: Sagen Sie mir, Monsieur François! was fangen nur all' die vertriebenen Prinzen in Frankreich an? Daß sie nicht das ganze aufsäßige Volk zum Galgen schicken, das ist mir unbegreiflich; mit Hunden ließ ich sie hetzen, wenn ich König wäre.

Monsieur! entgegnete François und strich behutsam mit einem Kämmchen über sein fein gepudertes Haar, während er sich mit wichtiger Miene in den Stuhl zurücklehnte, Monsieur Johann! die Tage, in denen man die Leute mit Hunden hetzte, sind grâce à dieu vorüber in meinem Vaterlande. Ich will nicht sagen, daß man gut gethan habe, den König hinzurichten und die Königin; au contraire! denn das Land braucht einen König, wie der König einen Hofstaat; aber daß man uns für Menschen erklärt hat, daß man égards hat für unsere Rechte und das Jeder Alles werden kann, wie der Lieutenant Bonaparte erster Konsul, c'est très bien. Voyez Vous! was wäre aus mir geworden, wäre das in meiner Jugend geschehen! Ah mon dieu! ich könnte vielleicht Minister sein statt Kammerdiener!

Kammerdiener ist auch nicht zu verachten, meinte Johann, und ich möchte mein Lebetage nichts Anderes sein, als meines Herrn Reitknecht. Er hat mir das Leben gerettet, als er mich bei Mainz im Jahre 1793 auf seinen eigenen Schultern davon trug. Ihr wißt's ja, aber so etwas von prinzlicher Gnade kann man nicht oft genug hören. Die Feinde waren uns auf den Hacken, nicht tausend Schritt von uns; kein Kamerad wollte umkehren, mich mit zu nehmen, so viel ich bat und rief. Da sprang unser Prinz selber herzu, nahm mich, er war dazumalen erst zwanzig Jahr alt, und schlank zum Zerbrechen wie diese Pfeife, auf seine Schultern und trug mich weg. Nun soll mir Einer sagen, wie der naseweise

Monsieur Oehrdorf, man braucht eigentlich keine Prinzen und keine Könige! An mir könnt Ihr sehen, ob man sie braucht! Aber ich gehe für unsern Prinzen auch durch's Feuer, und der ist ein Hundsfott, der es nicht eben so thut.

Das ist ja grade, wie ich es sage, rief der Jäger, so Du mir, so ich Dir. Euch hat der Prinz das Leben gerettet, Ihr wollt ihm Euer Leben geben; das ist keine Kunst, denn Ihr hättet dabei an die dreißig Jahre Profit.

Der alte Reitknecht antwortete mit einem Schimpfworte, der Jäger blieb die Entgegnung nicht schuldig, Beide wurden heftiger; der Kutscher, der zweite Kammerdiener kamen dazu, das Zanken schien allgemein werden zu wollen, als Monsieur François sich in das Mittel legte.

Silence Messieurs! rief er, schämen Sie sich vor den Domestiken, vor den Stallknechten und Küchenjungen, die sich in der Antichambre umhertreiben. Und Sie, Monsieur Oehrdorf, sagen Sie mir doch, wer ist der Mensch, den ich nun schon ein paar Mal hier im Schlosse gesehen habe, der lange, blonde Civilist, der gestern mit Ihnen sprach.

Ich kenne seinen Namen nicht; er fragte nur, wo Mamsell Fromm wohne, ob sie viel ausgehe, wohin und wann gewöhnlich? Es wird auch wieder so ein Supplikant sein, der durch sie Etwas vom Prinzen erbetteln will.

Und was haben Sie geantwortet, Monsieur?

Nun, was ich wußte. Ich sagte, daß Mamsell gewöhnlich nur mit dem Kinde ausfahre, oder um Besuche zu machen. Er wollte wissen, ob sie nie ausgehe? Ich sagte, in die Kirche. In welche? fragte er. In den Dom, antwortete ich und —

Und Sie haben gehandelt wie ein Gelbschnabel, que vous êtes! pardonnez Monsieur Oehrdorf! Merken Sie sich, wenn man die Ehre hat, ein Staatsdiener zu sein, wie wir, so ist es die erste Regel, Alles zu wissen, alle Geheimnisse seines Herrn zu kennen und sie zu verschweigen. C'est comme cela, daß man seinen Weg macht. Mit meiner Diplomatik, mit meinem savoir faire wäre ich Minister geworden, hätte ich das Glück gehabt, jung und in Paris zu sein, in der Revolution. Vive la révolution! et la France! und Sie, Monsieur Oehrdorf, erkunden Sie, wer jener Frager ist, ich will es wissen und es dem Prinzen melden.

Melde Du und der Teufel! brummte der Jäger unter seinem blonden Schnurbart hervor, nahm den Mantel des Prinzen über den Arm, winkte dem diensthabenden Kutscher, der im Küchen= zimmer wartete und entfernte sich. Auch die übrige Dienerschaft ging auseinander. Der Reitknecht schlief bald ein. Da holte Monsieur François ein Päckchen Briefe und Billette herbei, die für den Prinzen eingegangen waren, hielt sie, dieselben so weit als möglich entblätternd, gegen das Licht und versuchte ihren Inhalt zu lesen. Indeß er schien nicht zufrieden mit seinem Erfolge. Kopfschüttelnd legte er sie fort.

Les temps ont bien changés! sagte er. Die guten Sitten verlieren sich mehr und mehr! tout le monde, besonders die Frauen fangen an nur deutsch zu schreiben, wer kann aus dieser diable d'écriture den Inhalt erfahren? Und doch ist es die Pflicht eines ersten Kammerdieners königlicher Herrschaft, Alles zu wissen, um die An= gelegenheiten übersehen und leiten zu können au profit de tout le monde. Er blieb eine Weile in Nachdenken versunken sitzen. Dann stand er auf, nahm aus einer silbernen Dose eine Prise, säuberte vorsichtig Hände und Wäsche von dem Tabaksstaube, zog die Livree an und harrte, in einem Lehnstuhl halb schlummernd, der Rückkehr des Prinzen.

Es währte jedoch noch ein paar Stunden, ehe das Rollen des Wagens vor dem Pallaste, das ganze Gebäude wie durch Zauber= schlag erweckte.

Mit schnellem Schritte stieg der Prinz die Treppe zu seinen Gemächern in die Höhe, François leuchtete mit dem Armleuchter

vor, während der zweite Kammerdiener, als sie oben im Zimmer
angelangt waren, auf silbernem Teller die Briefe für den Prinzen
auf den Tisch stellte und sich entfernte.

Der Prinz schien sehr erhitzt. Er war nach einer Abendgesellschaft,
welche der englische Gesandte seinem Prinzen Adolf zu Ehren
gegeben hatte, mit einigen jungen Männern des höchsten Adels in
die Wohnung des schon früher erwähnten Grafen Tilly gefahren
der, einst Page der unglücklichen Maria Antoinette, mit Verehrung
an der vertriebenen Dynastie hing und den lebhaftesten Haß hegte
gegen die Republik und Bonaparte. Ihm mußte die Verbindung
Preußens und Englands gegen Frankreich ein erwünschtes Ereigniß sein, und Prinz Adolph der ersehnte Helfer, auf den sich seine
Augen wendeten.

Man hatte Anfangs von Politik gesprochen, die Wahrschein-
lichkeiten für Krieg oder Frieden, für ein Bündniß mit Frankreich
oder England abgewogen. Prinz Louis, obgleich im Innern ebenso
als die Andern dem Kriege geneigt und der zögernden Politik
Friedrich Wilhelms des Dritten abhold, hatte sich, der Preußischen
Ehre hälber, berufen geglaubt, die Handlungsweise des Königs
zu vertheidigen, um so mehr, als er sich persönlich von ihm gekränkt
fühlte. Aber offenen, wahrhaften Naturen fällt die Lüge so schwer,
daß sie dieselbe nur mit Anstrengung aller ihrer Kräfte in sich er-
zeugen können, indem sie ihr besseres Selbst besiegen. Die Nothwendigkeit, Etwas gut zu heißen, was ihm in innerster Seele entgegen war, machte den Prinzen im höchsten Grade unmuthig. Er
trank viel, um sich zu zerstreuen, und war bereits heftig erregt als
man zu spielen anfing und zwar, da die Karten nicht gleich bei der
Hand lagen, pair ou inpair; ein Spiel, welches die Franzosen als
das bequemste und schnellste, bei ihren Märschen liebten und das
durch sie zur Mode geworden war.

Graf Tilly hatte eine Hand voll Goldstücke zum Spiele aus
der Tasche genommen und die Frage: pair ou inpair? ausgesprochen,

als Prinz Louis ausrief: nein! nicht pair ou inpair, sondern la paix ou la guerre!

Wohl! sagte Graf Tilly, schüttelte das Geld in der Hand und fragte: Und nun?

La paix! rief Louis und verlor.

La Prusse ne gagnera jamais avec la paix! meinte Tilly.

Das wird sich zeigen! antwortete der Prinz und hielt immer weiter auf la paix. Das Glück war gegen ihn, dennoch beharrte er mit Leidenschaft bei diesem Spiele, bis er eine bedeutende Summe verloren hatte und die Gesellschaft sich trennte.

Wie alle phantasiereichen Menschen liebte Louis Ferdinand es, in Angelegenheiten, die ihn innerlich beschäftigten, in denen seine Seele zu keinem Entschlusse kommen konnte, den Zufall zu befragen und entscheiden zu lassen. Er that es scherzend, und doch machte der günstige oder ungünstige Ausfall des Versuches mehr Eindruck auf ihn, als er sich selbst oder Andern gestehen wollte. So hätte ihn der Verlust, den er am Abend erlitten, gleichgültig gelassen wie immer, wäre nicht der Gedanke damit verknüpft gewesen, daß Preußen verlieren, Unglück haben werde bei dem Festhalten an diesem künstlich erzwungenen Frieden, was ohnehin seine Ueberzeugung war.

Ein Zug von düsterm Mißmuth, der sich selten in des Prinzen offnen Zügen kund gab, verrieth dem feinen François die üble Stimmung seines Herrn, während dieser zum Tische ging, die Briefe öffnete und die meisten mit Gleichgültigkeit auf die Seite warf.

Als er sie alle durchflogen hatte, sagte er: François! der Intendant soll morgen zweihundertsiebenzehn Friedrichsd'ors dem Grafen Tilly senden. Sie aber gehen in die Porzellan-Manufaktur, kaufen dort ein Dejeuner, tragen es zur Gräfin Molke und melden, ich würde um zwölf Uhr kommen, es mit ihr einzuweihen.

Und der Preis, Hoheit?

Das schönste, das Sie finden! Sie beklagt sich mit Recht über Vernachläffigung. Dem Musikdirektor und den Musikern, die gestern bei mir gespielt haben, soll auch das Gewöhnliche gesendet werden, und meine Chatoulle frisch gefüllt.

Hoheit! meinte François, ich fürchte, der Herr Intendant werde hors d'état sein, dies Alles auszurichten; er hat mir aufgetragen Hoheit zu bitten, ob er gleich morgen früh Sie sprechen könne, da mancherlei Rechnungen von Ouvriers eingegangen sind, die er nicht zu honoriren vermag.

Der Prinz antwortete nicht darauf, sondern befahl dem Diener, ihm in das Schlafzimmer zu leuchten. Während des Auskleidens fiel ein Goldstück aus der Westentasche des Prinzen. François hob es auf und legte' es auf den Tisch.

Behalten Sie! sagte der Prinz, es ist republikanisches Geld, ich mag es nicht.

François dankte, das Goldstück gegen das Licht haltend. Das République française war deutlich und schön darauf ausgeprägt.

Nun! fragte der Prinz, was sehen Sie das Geld so an, haben Sie auch Widerwillen gegen die Münzen der Republik?

Tout au contraire! Hoheit! Ich denke nur so, es ist doch hübsch, mit einer Republik. Wenn der König seinen Namen auf die Münzen schreibt, so heißt das: Eigentlich ist dies Geld mein, wie Alles, was Ihr besitzt, und ich zeichne es mit meinem Namen, damit ich es wiederfordre de manière ou d'autre quand bon me semble. Nun aber, da die Republik, da alle Bürger ihren Namen darauf prägen lassen, da das Geld und das Land Allen gleich gehört, so möchte es mit dem Einfordern eines Einzelnen schlimm stehen, und Jedem das Seine gesichert sein. Das ist doch eine gute Maßregel quoi qu'on en dise!

Nun, so wandre aus, sagte der Prinz, der diesen alten Diener liebte, geh' Deine in Preußen gesammelten Schätze in Frankreich hüten, wenn Du des Dienstes müde bist; werde wieder ein Bürger

von Frankreich und hilf die Republik regieren; Du wirst's so gut
verstehen, wie mancher Andere, und was die Finanzen betrifft, suchst
Du Deines Gleichen, wie mir scheint.

O! Hoheit, meinte François, da er sah, daß der Prinz auf
einen Scherz einzugehen geneigt war, ich wäre auch für die Polizei
nicht übel, je ne manque pas de capacités. Seit einiger Zeit kommt
oft ein Mann in das Haus, der sich mit der Dienerschaft zu enfiliren
sucht, viel nach Ew. Hoheit und nach Mademoiselle Fromm fragt,
wann sie ausgehe, wann sie retournire? et caetera. Ich habe
Oehrdorf, an den er sich adressirt hat, beauftragt, zu erkunden, wer
er ist?

Der Prinz wurde aufmerksam und that einige Fragen über
das Aeußere des Menschen, die François nicht zu beantworten vermochte. Rufen Sie den Oehrdorf! befahl der Prinz.

Dieser kam und mußte seinen Bericht erstatten. Der Prinz
schien nach einem Zusammenhange zu suchen, wollte wissen, ob der
Mann sich vielleicht für einen Verwandten, einen früheren Bekannten von Mademoiselle Fromm ausgegeben habe.

Oehrdorf verneinte es.

Und sah er ärmlich aus? fragte der Prinz.

Nein Hoheit! im Gegentheil. Er trug ein apfelgrünes Trikot-
Beinkleid, Klappenstiefel, eine grüne Weste, braunen Frack und
darüber einen russischen Pelz mit Schnüren. Als er den öffnete,
sah ich, daß er zwei Uhren hatte mit reichen Berloques.

War er alt? jung? wie sah er aus?

Er mag fünf und zwanzig Jahre sein, Hoheit! er ist groß,
trägt keinen Puder, hat röthlich blondes Haar, das militärisch ge-
schnitten ist, und einen starken Schnurbart. Ich würde ihn für
einen Militair in Civilkleidung halten.

Plötzlich schien dem Prinzen eine Vermuthung zu kommen.
Hat er eine Narbe? eine Narbe wie von einem Säbelhiebe auf
der Wange? fragte er.

Ja, Hoheit!

Das ist Heldrich! rief der Prinz. Der Portier soll es melden, ihn nicht fortlassen, wenn er sich wieder hier sehen läßt. Und erkundigen Sie sich morgen, wo der ehemalige Lieutenant von Heldrich wohnt. Ich will es bis Mittag wissen, Oehrdorf.

Mit diesen Worten entließ der Prinz seine Leute und ging zur Ruhe.

Neuntes Kapitel.

___

Prinz Louis Ferdinand war, wie wir es in dem vorigen Kapitel gehört, nicht nach Schricke gegangen. Rahel hatte richtig vorausgesehen, daß man ihn zurückhalten würde.

Seinem Vorsatz getreu, die Begegnung mit dem Könige zu vermeiden, hatte er sich für die ersten Hoffeste nach jenem Ereignisse entschuldigen lassen, aber schon auf dem Balle bei der Königin Mutter war die regierende Königin zu ihrer Tante, der Prinzessin Ferdinand, getreten, sich nach dem Befinden ihres Sohnes, des Prinzen Louis, zu erkundigen. Sie sprach die Hoffnung aus, der Prinz werde am nächsten Abende im Stande sein, bei dem Balle seiner Eltern zu erscheinen, da sie ihn in der ersten Quadrille, die sie mit dem Prinzen Adolf tanze, zum Gegenüber zu haben wünsche. Dabei erwähnte sie flüchtig eines Mißverständnisses, das zwischen dem Könige und dem Prinzen Louis obwalte, sprach von den trefflichen Eigenschaften des Letztern, die Jeder schätze, von seinem Enthusiasmus für Recht und Menschenachtung und bedauerte nur, daß ihn sein edler Eifer doch bisweilen etwas zu weit führen möge.

Aber wem von uns geht es denn anders? sagte die schöne Königin mit dem zauberischen Lächeln, das ihr immerdar die Her-

zen gewann! Ist doch der stets so ruhige, gerechte König viel=
leicht auch ein wenig in den Fehler Ihres Sohnes verfallen. Da
wir indessen Alle noch jung sind, werden wir auch klüger werden.
Helfen Sie uns dazu, theure Tante!

Dergleichen konnte die Königin nicht ohne den Willen Ihres
Gemahls aussprechen; der König selbst also wünschte den Prinzen
zu versöhnen, die Mutter des Letzteren wurde die Vermittlerin
und Prinz Louis blieb um so williger in Berlin, als die politischen
Verhältnisse immer verwickelter wurden.

Mitten in den Festlichkeiten jener Tage war nämlich aus
Petersburg die Nachricht von der Ermordung des Kaisers Paul
durch die Großen seines Reiches erklungen. Dieser Meuchelmord
war die Parodie, welche ein uncivilisirtes Volk auf den Königs=
mord in Frankreich machte. In Frankreich hatte das Freiheits=
bedürfniß einer ganzen Nation die Tyrannei im Symbol des Kö=
nigthums gerichtet; in Rußland befreite ein herrschsüchtiger Adels=
haufe sich von dem Tyrannen, der ihm persönlich verhaßt worden
war, um sich sklavisch unter das Joch seines Nachfolgers zu beu=
gen. Das war folgerecht: der gebildete Mensch bekämpft die Idee,
als die Erzeugerin der That; der Ungebildete greift die Thatsache
an, wie Kinder, die das Unkraut in ihren Gärtchen abpflücken,
ohne die Wurzel desselben zu zerstören.

Dieses Ereigniß in Rußland rief eine neue Gestaltung der
politischen Verhältnisse hervor. Pauls Nachfolger Alexander sagte
sich von dem Frieden mit Frankreich los, um sich mit England
gegen Frankreich zu verbinden. Dadurch ward der Bund der
nordischen Mächte zerstört, und der Auftrag des Prinzen Adolf
ging nun doppelt darauf hinaus, auch Preußen zu einer Vereini=
gung mit England und Rußland zu bewegen, damit man sobald
als möglich dem Umsichgreifen der französischen Uebermacht wirk=
sam entgegen treten könne.

Prinz Adolf, eben so jung und liebenswürdig als Prinz Louis

Ferdinand, eben so sehr Meister aller ritterlichen Uebungen und Günstling der Frauen als Jener, überließ sich in Berlin willig den Genüssen eines Hofes, an dem ein Kreis junger lebensfroher Prinzen die schöne anmuthsvolle Königin umgab, und heiterer Lebensgenuß die tägliche Aufgabe des Hofes zu sein schien. Dennoch konnte dieser Lebensgenuß ihn nicht dem Gedanken an seine Aufgabe entfremden. Er konnte nicht vergessen, daß er, ein englischer Prinz, als Pair des Oberhauses, Theil an der Regierung seines Vaterlandes habe, für dessen Wohl und Weh er doppelt verantwortlich geworden war, seit man ihn mit einem für dasselbe wichtigen Auftrage beehrt hatte. Seine Thätigkeit, sein Ernst in diesen Verhältnissen machten auf Louis Ferdinand den lebhaftesten Eindruck. Die Kenntnisse, welche Prinz Adolf von den Regierungsverhältnissen, von den Gesetzen seines Vaterlandes entwickelte, beschämten ihn und ließen ihn um so schmerzlicher die eigene Unthätigkeit, den Mangel an Einfluß empfinden. Seine militairischen Obliegenheiten, welche sich, seit dem Feldzuge in der Champagne, auf einen geisttödtenden Paradedienst und einige ungefährliche Manöver beschränkten, wurden ihm verhaßt. Was er im Umgange mit Prinz Adolf über Englands Institutionen und dem daraus erwachsenden Selbstgefühl des Einzelnen, über die gegenseitige Achtung und die strenge Aufrechterhaltung der Standesverhältnisse vernahm, erfüllte seine ganze Seele mit Bewunderung, da ein Prinz es aussprach. In England war jene Achtung des Menschen als Gesetz festgestellt, die Prinz Louis oft in dem edlen Zorne seines Herzens in einzelnen Fällen zur Geltung zu bringen strebte; dort herrschte nicht Einer unumschränkt, mit seinem Willen die Einsicht eines ganzen Volkes aufwiegend; dort fand der Prinz so wie der Bürger eine angemessene Thätigkeit und angemessenen Einfluß für Alle und auf Alles.

Die Zustände Preußens erschienen ihm im düstersten Lichte; seine Seele empörte sich dagegen. Ein ganzes Volk verlangte

Krieg und der Wille eines Einzelnen erzwang den Frieden; die öffentliche Stimme verlangte Anschluß an England wider Frankreich, der Wille des Königs entschied das Gegentheil. Preußen bedurfte Freiheit des Handels, der König sperrte die Häfen der Elbe, Weser und Ems für die englischen Schiffe und ließ plötzlich das Königreich Hannover von seinen Truppen besetzen, als Rache für frühere, als Abwehr künftiger Beleidigungen von Seiten Englands, obgleich dasselbe bisher für Preußen allein eine Ausnahme von seinem Kapersystem gemacht hatte.

Sogleich verließ Prinz Adolf Berlin, voll Verachtung gegen diese treulose Politik. Man hatte ihn gastlich empfangen, seinen Anträgen scheinbar Gehör gegeben, während man den Gewaltstreich gegen Hannover vorbereitete, der immer eine Treulosigkeit war, sei es, daß man Hannover auf geheimen Befehl Bonapartes, oder im eigenen Interesse besetzte, um sich durch diesen Besitz für die Länderverluste am linken Rheinufer schadlos zu halten.

Die Entfernung des Prinzen Adolf, die Maßregeln gegen Englands deutsche Besitzungen erfuhren das lebhafteste Bedauern, den lautesten Tadel des Prinzen Louis. Er besuchte die Hofcirkel so wenig als möglich und hielt sich fast ausschließlich in den Kreisen jener ihm befreundeten bürgerlichen Männer und Frauen, was ebenfalls die Mißbilligung des Königs hervorrief.

So kam das Frühjahr und endlich die Osterwoche heran. Während die Glocken zur Kirche luden, war Louis Ferdinand einsam in einem geräumigen Zimmer seines Palastes, das in den Garten hinaus sah.

Die Fenster waren geöffnet, die ersten warmen Lüfte eines Aprilmorgens säuselten durch das Gemach und spielten durch die hellbraunen, noch ungepuderten Locken des Prinzen, der nahe am Fenster auf dem Stuhle vor seinem Flügel saß und die edelgebildeten Hände mechanisch über die Tasten gleiten ließ. Er hatte den Rock abgeworfen, nur das Hemde verhüllte den Oberkörper und zeigte die hohe, kräftige Brust des schönen Mannes. Seine Augen hingen träumerisch an dem Himmel; sie verfolgten das Spiel der weißen, luftigen Wölkchen, die gleich Engelsflügeln auf dem sonnendurchzitterten, goldglänzenden Blau des Firmamentes erschienen und verschwanden.

Anfangs drängte sich, wie es schien, das kirchliche Glocken= geläute der Phantasie des Prinzen auf; die ernsten choralartigen Klänge sprachen dafür, mit denen er das Spiel begonnen hatte. Dann mußten andere Ideengänge ihn beschäftigt haben. Wilde, chaotische Tonmassen entströmten seinen Händen, der Sturm der Seele, ein heißer Kampf wogte in den Tönen auf und nieder. Gleich grellen Blitzen zuckte einzelnes Wehschrein und himmelan strebendes Jauchzen daraus empor. Aber wie mitten im Sturme der Elemente der weiße Gischt sich bäumender Wogen in My= riaden goldglänzender Funken zerstäubt, zurücksinkt in das wal= lende Dunkel der Meeresfluthen, so tauchten allmälig sanftere Melodieen aus dem düsteren Grunde der Komposition hervor, verklingend und wiederkehrend, um auf's Neue zu verklingen, bis plötzlich die ganze Phantasie einen milderen Charakter gewann.

Ein kleiner Vogel war in das Zimmer geflogen und wiegte sich auf dem Aste eines Orangenbaumes, der auf dem Fenster= brette stand. Dies rief dem Prinzen eine ähnliche Scene aus dem Frühling seiner Liebe für Henriette in das Gedächtniß zurück. Ein schlichtes Volkslied, das er einst von ihr gehört, bildete nun das Thema, welches er in vielfachen Variationen durchführte, während Henriette selbst mit dem geliebten Kinde vor seinem in= neren Auge stand. Die lebhafteste Sehnsucht nach ihr, nach jenen friedensvollen Tagen in Schricke bemächtigte sich seiner. Er wäre gern in diesem Augenblicke zu ihr geeilt, hätte gern ihr sanftes Antlitz geschaut, aber er wußte sie in der Kirche. Daß sie gläubig geblieben in der Freigeisterei ihrer jetzigen Umgebung, daß sie Trost finden konnte im Gebet und auch für seinen Frieden betete in dieser Stunde, erfreute ihn. Er wußte wie mild beruhigt sie immer aus der Kirche heimkehrte, er hoffte sie auch heute in dieser Stimmung zu finden, und ließ in vorahnendem Genusse seine Phantasie den kurzen Zeitraum durchfliegen, der ihn noch von der Geliebten trennte.

Seine Seele war friedlich und hoch gestimmt, er hatte alle Verhältnisse vergessen, die ihm schmerzlich und störend waren, er fühlte ein rein menschliches Genügen in der Macht der Musik und in der Liebe; er hatte eine wahre Empfindung von Glück in diesem doppelten Besitze, als François eintrat, den Intendanten des Prinzen zu melden.

Unwillig über die Störung, wollte der Prinz ihn fortschicken, aber schon bei einem früheren Anlasse hatte er diese Besprechung zu umgehen gesucht, weil er selbst die Unordnung in seinen Geldangelegenheiten genugsam kannte und sich außer Stande fühlte, ihr in seinen Verhältnissen durch Einschränkungen zu begegnen, die nicht zu verbergen waren. Es konnte also nur die Rede davon sein, neue Hilfsquellen zu finden, und zu diesem Zwecke befahl der Prinz, den Intendanten eintreten zu lassen.

Was dieser berichtete, war nicht geeignet, die heitere Stimmung des Prinzen zu nähren. Von allen Seiten drängten Forderungen auf ihn ein. Die Einnahme des Prinzen, die Vorschüsse, welche sein Vater und sein Onkel, Prinz Heinrich, ihm bewilligt hatten, waren zu Ende; sein Kredit war fast erschöpft.

Plötzlich unterbrach der Prinz den Berichterstatter: Machen Sie nicht so viel Worte, über das, was uns fehlt! Sie haben die Totalsumme genannt, das genügt. Sagen Sie kurz, woher Sie die Mittel zur Deckung nehmen werden, denn schaffen müssen Sie diese.

Hoheit! sagte der Intendant, ein Greis mit weißem Haar, das des Puders spotten konnte und noch heller erschien, gegen das breite, schwarze Zopfband, dessen stattliche Schleifen zu beiden

Seiten des Kopfes sichtbar wurden; Hoheit! es ist kein Rath, ich erhalte von den bisherigen Quellen Nichts mehr. Wenn Hoheit sich gnädigst selbst entschließen wollten, anzufragen —

Unmöglich! rief der Prinz.

Da ist der dicke, reiche Cohen von der Mohrenbrücke; fuhr der Intendant fort. Dem Manne sind einige Tausende Nichts, aber die Ehre, es den andern vornehm gewordenen Juden gleich zu thun, die ist ihm Alles. Er hat mir, wenn ich sonst mit ihm unterhandelte, immer von dem Theater erzählt, das er bei sich im Hause errichtet hat, und mich eingeladen, es zu besuchen.

So gehen Sie hin, wenn er Ihnen dafür das Geld giebt.

O! um mich ist es nicht; ich war dort und kann Hoheit versichern, daß dies Liebhabertheater der Mühe des Ansehens werth ist. Die schönsten Mädchen, treffliches Spiel und sehr namhafte Gesellschaft! Graf Bernstorf, Major Goualtieri, der Adjutant seiner Majestät, General Köckritz! — Auch Prinz Radziwil Durchlaucht waren dort.

Ich weiß das, rief der Prinz, aber was kümmert es mich? ich bin nicht in der Stimmung, Stadtgeschichten zu hören, ich will fort, also machen Sie, daß wir zu Ende kommen, und schaffen Sie das Geld.

Als ich neulich Graf Tilly das Geld senden und das Service für die Gräfin Molke bezahlen sollte, war ich bei Cohen. Er hat erklärt, für die Ehre, einmal Königliche Hoheit unter seinen Gästen zu sehen, wäre ihm keine Summe zu groß; Hoheit hätten nur zu befehlen über seine Kasse. Sie spielen den sechszehnten April bei Cohen den Clavigo, wir haben heute den vierzehnten.

Der Prinz wendete sich ab, sah nach der Uhr, rief François, um sich ankleiden zu lassen, und noch immer stand der alte Intendant mit seinen Rechnungsbüchern auf demselben Flecke. Endlich, als die Toilette des Prinzen beendet war, der Wagen vorfuhr und der Kammerdiener ihm Hut und Mantel reichte, schien der Prinz sich wieder des Wartenden zu erinnern, und sich mit einer Miene tiefen Unmuthes zu ihm wendend, sagte er im Hinausgehen: Sie können Ihrem dicken Cohen melden, Prinz Louis Ferdinand werde übermorgen in seinem Hause dem Schauspiel beiwohnen, aber schaffen Sie zehn Tausend Thaler.

Er eilte hinaus, athmete tief auf, wie Jemand, der eine Last von sich abgewälzt hat, und befahl dem Kammerdiener, ihn zu Mademoiselle Fromm fahren zu lassen. Bei ihr wollte er sich er= holen von dem Unangenehmen dieser Unterredung, bei ihr den Frieden seiner heutigen Morgenstunden wiederfinden.

Mit sehnsüchtiger Hast flog er die Treppe empor zu Henriettens Zimmer. Sein Gesicht leuchtete vor Liebe, aber Henriettens Er= scheinung machte ihn erstarren.

Todtenbleich kniete sie, die Augen von vergossenen Thränen geröthet, an dem Bette des Kindes. Als sie den Prinzen eintreten sah, flog sie ihm entgegen, sich angstvoll in seine Arme werfend.

O! nimm mich zu Dir, rief sie, nimm mich zu Dir, Louis! bleibe bei mir, beschütze Du mich, bringe mich fort von Berlin!

Ihr goldner Kamm war bei der heftigen Bewegung heraus= gefallen, das ungeflochtene hellblonde Haar floß über ihre Gestalt und über die Arme des Prinzen hernieder, der sie an sich drückte und erschreckt nach der Ursache ihrer Thränen fragte.

Halte mich fest in Deinen Armen! nur bei Dir ist Frieden für mich. Selbst das Haus Gottes schützt mich nicht vor Schmach! Auch das Kind wird mir fluchen, mir und Dir, daß wir ihm sein elendes Dasein gaben, schluchzte sie.

Der Prinz erbebte. Um Gottes Willen! rief er, Henriette, sage mir, was vorgegangen ist, wenn Du mich nicht um den Ver= stand bringen willst. Sprich! ich beschwöre Dich.

Ach sei nicht böse, daß ich Dich betrübe, bat Henriette plötzlich besänftigt, als sie die Erschütterung des Prinzen bemerkte. Sie lehnte sich an ihn und weinte krampfhaft.

Der Prinz, selbst erschüttert wie Henriette, suchte sie zu be=
ruhigen, und seine Küsse, seine Worte brachten es endlich dahin,
daß sie zusammenhängend zu erzählen vermochte.

Ich war im Dom, sagte sie, die Sonne leuchtete so warm in
die Kirche hinein, schien so hell auch auf mich; ich dachte, auch auf
mir ruht Gottes Segen, und betete recht von Herzen für uns und
für das Kind. Die Seele wurde mir frei wie in der Kirche zu
Hause, wenn ich mit der Mutter da saß und auf den Anfang der
Predigt wartete. Als ich eine Weile in meiner Bank saß, kamen
zwei Frauen herein, die sich neben mich hinsetzten; ein Herr, der
zu ihnen gehörte und lange für sie nach einem Platze umher gesucht
hatte, blieb stehen außerhalb der Bank. Aber kaum hatten sich
die Frauen niedergelassen, als ihr Begleiter sich zu ihnen neigte
und so laut, daß ich und die Anderen es hören konnte, sagte — —

Sie fing wieder zu weinen an, und barg ihr Gesicht an der
Brust des Prinzen. Nun! was sagte er? fragte dieser dringend.

Er sagte: Steht auf! das ist die Maitresse des Prinzen Louis!

Neue Thränenströme erstickten ihre Stimme; der Prinz fuhr
empor, als stände der Beleidiger ihm gegenüber, und weinend er=
zählte Henriette: Die Frauen erhoben sich, gingen fort und sahen
mich mit Verachtung an. Um mich her flüsterten die Zunächst=
sitzenden; ich kannte Niemand, so weit mein Auge reichte, lauter
fremde Gesichter. Von der Predigt vernahm ich keine Sylbe, ich
hörte Nichts als die Worte des Schrecklichen, sah Nichts als die
beiden Frauen, die mich wie eine Aussätzige flohen — alle Blicke
schienen auf mir zu liegen — sie konnte nicht weiter sprechen.

Der Prinz umschlang und küßte sie. Armes Weib! rief er,
während auch seine Stimme vor Thränen bebte, armes Weib! und
das Alles um mich? Zum Brandmal also wird Dir meine Liebe, in
die ich Dich einhüllen möchte, Dich zu bewahren vor jedem Schmerz?

Er setzte sich zu ihr und ließ sie an seinem Herzen weinen.
Plötzlich richtete er sich empor.

Wie sah er aus? fragte er. Hast Du ihn angesehen? Nicht wahr, er war groß, röthlich blond? ein Offizier in Civilkleidung? Er hatte eine Narbe auf der Wange?

Gott im Himmel! rief Henriette. Du kennst ihn, Louis?

Ich kenne ihn! nun ist's gut! Weine nicht, Henriette, nun ist es gut. Er stand auf und wollte sich entfernen, Henriette hielt ihn zurück.

Louis! sagte sie, wo willst Du hin? Was willst Du thun?

Kannst Du das fragen?

Aber Du bist ein Prinz, ich bin — Gott! rief sie, kann denn selbst Deine Liebe, die mein ganzes Leben ist, die mich so glücklich macht, mich nicht darüber trösten? O! ich bin glücklich Louis, glaube es mir!

Und in Thränen über die Schmach! sagte er schmerzlich.

Vergiß sie Louis; denke dieser Schwäche nicht. Du hättest es nie erfahren, wärest Du nicht gekommen in dieser Stunde. Denke, daß ich glücklich bin, und bleibe bei mir.

Aber der Prinz war nicht zu überreden. Sei ruhig liebes Herz! ich komme bald zurück, sagte er, schloß sie an seine Brust und verließ eilig das Gemach.

Zehntes Kapitel.

Einige Tage darauf trat Gentz mit der Frage in Rahels Zimmer, ob sie es schon wisse, daß Prinz Louis abgereist sei.

Abgereist? wiederholte Rahel, und wohin?

Er hat Befehl erhalten, zu seinem Regimente nach Magdeburg zu gehen und dort bis auf weiteres zu bleiben.

Rahel war überrascht, nahm sich aber gewaltsam zusammen, ihren Schmerz zu verbergen und fragte um die Veranlassung. Gentz erzählte ihr, daß nach jenem Ereigniß am Ostermorgen der Prinz, in der ersten Aufwallung über die, seiner Geliebten zugefügte öffentliche Beleidigung, dem Grafen Tilly aufgetragen habe, dem Lieutenant Heldrich eine Ausforderung zu überbringen. Vergebens habe Tilly ihm vorgestellt, daß dies unmöglich sei, daß ein Prinz von Preußen sich nicht mit einem Lieutenant schießen könne, den das Offizierkorps selbst zum Austritt aus der Armee gezwungen habe. Der Prinz sei außer sich gewesen, habe erklärt, daß er keine rechtliche Bestrafung des Unverschämten erhalten könne, daß er eben so wenig ihn, wie Jener es eigentlich verdiene, mit der Hetzpeitsche in der Hand zu züchtigen vermöge, und daß es ihm auch nicht darauf ankomme, sich Genugthuung zu verschaffen, sondern nur den Elenden niederzuschießen, was bei seiner Sicherheit im

Gebrauch der Waffen nicht ausbleiben werde. Unfähig, den Prin=
zen umzustimmen, habe sich Tilly an den Adjutanten des Königs
gewendet; Heldrich habe den Befehl erhalten, Berlin augenblicklich
zu verlassen, der Prinz die Weisung, von diesem unpassenden Duelle
abzustehen und sich sofort zu seinem Regimente nach Magdeburg
zu begeben. Gestern sei er in Begleitung der Fromm dorthin ab=
gegangen.

Das Aergerliche an der Sache ist, so schloß Gentz seinen Be=
richt, daß ohnehin schon die übelsten Gerüchte über des Prinzen
zerstörte Geldverhältnisse und andere Unordnungen umherlaufen.
Nachdem alle seine kleinen Gläubiger abgewiesen, auf weithinaus
vertröstet worden sind, hat er plötzlich so namhafte Summen zu
seiner Verfügung gehabt, daß es Aufsehen erregte und das grund=
lose Gerede sich verbreitete, der Prinz habe Gelder vom englischen
Hofe erhalten, unter der Bedingung, Englands Interessen in Ber=
lin zu vertreten. Das hat den König ganz besonders erzürnt, er
ist sehr erbittert gegen ihn und das mit Recht.

Mit Recht? rief Rahel. Das können Sie sagen, der es so gut
weiß als ich, daß erst der dicke Cohen ihm eine namhafte Summe
borgte, und das jetzt Abraham Gans, eingenommen von des Prin=
zen hinreißender Persönlichkeit, ihm abermals sechszigtausend Thaler
gegeben hat, um den Prächtigen diesen kleinlichen Sorgen zu ent=
reißen?

Ich weiß es, liebe Freundin! Auch der König mag es wissen,
aber die Welt weiß es nicht, und der Schein ist gegen ihn. Der
Prinz erniedrigt in sich die königliche Würde, wie es ihrer Zeit
Artois, Orleans und der Graf von Provence leichtsinnig in Frankreich
gethan haben. Gestehen Sie, das ganze Abenteuer mit diesem Heldrich
ist auch von Anfang an eine Großmuthsdonquixotterie. Wenn jede
Magd, der ein Offizier nachstellt, die Virginia spielen will, so werden die
Frauen bald ohne Bedienung bleiben müssen; und vollends das
beabsichtigte Duell ist thöricht. Die Fromm ist dem Prinzen ge=

fährlicher mit ihrer bürgerlichen Sentimentalität, als die ärgste
Kokette, die kostspieligste Maitresse.

Gentz! rief Rahel, heute sind Sie zum erstenmale unedel, seit
ich Sie kenne. Sie wissen es, daß ich den Prinzen liebe und be-
wundere, wie dürfen sie es wagen, ihn zu tadeln?

Und was lieben und bewundern Sie an ihm? fragte Gentz.

Den Menschen, der so mächtig ist, selbst den Prinzen in ihm
zu überwinden! sagte Rahel, und ihr dunkles Auge strahlte in
voller Gluth.

Gentz sah sie lange schweigend und prüfend an. Dann sagte
er: Wissen Sie Rahel, daß Sie sehr schön sind in diesem Augenblicke? Sehr schön Rahel!

Ich glaube es, entgegnete sie ruhig, denn jede Liebe verklärt
die Menschenform, in der sie sich offenbart. Der Ausdruck ihres
Gesichtes war voll Erhabenheit und doch voll Demuth; Gentz
wurde nicht müde sie zu betrachten, wie man ein Kunstwerk betrachtet, indem sich uns plötzlich die tiefe Idee des Künstlers enthüllt. Sie schien es nicht zu bemerken, es entstand eine neue Pause.

Plötzlich rief er: Sie wissen ja Alles Rahel! so wissen Sie
auch, daß ich Sie liebe? nicht wahr? Er stieß die Worte mit einer
Heftigkeit hervor, als würde er von einer innern Gewalt wieder
seinen Willen dazu getrieben.

Sie lieben mich, sagte Rahel, wie Sie die Revolution liebten,
als sie begann, weil Sie Ihnen nützlich schien für Ihre Zwecke.
Sie würden kalt für mich sein, wie Sie es für die Freiheit geworden sind, schiene ich Ihnen nicht mehr nützlich.

Und ist das ein Verbrechen? ist es nicht natürlich, menschlich?
fragte er. Wie kann die Liebe ewig und unwandelbar sein, da es
der Mensch nicht ist? Sie werfen mir vor, ich sei treulos geworden an der Idee der Freiheit; das bin ich nicht; ich habe nur die
Welt und die Menschen kennen lernen, ich will nicht mehr Unmögliches wie damals.

Heißt klüger werden immer erkalten, meinte Rahel, so lasse mir Gott mein einfältiges warmes Herz, das mich und Andre er-quickt!

Rahel! sagte Gentz, ich habe Ihnen wehe gethan mit meiner frühern Aeußerung über Prinz Louis; Sie haben mich unedel ge-scholten, ich war nur eifersüchtig. Priesterin der Liebe! können Sie das so hart verdammen, daß Sie kein Ohr mehr haben für mich, kein Verständniß für meine menschlichen Schwächen? Wollen Sie denn nicht mehr einsehen, daß ich zum Helden nicht organisirt bin; daß ich keines Heroismus fähig bin, weil ich nicht zu leiden vermag? Ich kann und ich will auch nicht leiden, und darum müssen Sie mich lieben oder mich achten, denn sonst leide ich! sagte er mit allem anmuthigen Trotz eines schönen verzogenen Weibes.

Rahel mußte lächeln über ihn und schalt ihn ein Kind. So lassen Sie mich handeln wie ein Kind, entgegnete er, setzte sich vor ihr auf ein Fußbänkchen nieder, nahm ihre Hand in die seine und sagte: Nun hören Sie mir zu und wenn Sie mir dann nicht Recht geben, so will ich nicht Friedrich Gentz heißen und Sie nicht mehr lieben.

Sie sagen, der Gentz, welcher bei der Thronbesteigung des Königs ein Manifest an ihn verfaßte, worin er ihn hinwies auf Freiheit und Fortschritt, das sei nicht derselbe Gentz, der jetzt mit Prinzen und Ministern verkehrt und Ehre und Einfluß für sich erstrebt. Es ist derselbe! Ich habe einsehen gelernt, daß es Wahn-sinn ist, wie in Frankreich segensreiche Umwälzungen mit brutaler Volksgewalt zu bewirken. Mir graut vor den blutenden Leichna-men der gemordeten Aristokratie, auf denen das Bürgerthum sich über das Königthum erhob. Es ist Barbarei, eine Königin bei ihren goldblonden Locken vom Throne hernieder zu reißen, um sie durch den blutgetränkten Staub zu schleppen. Wie kann Edles gedeihen, wahrhaft Großes und Schönes von Menschen geschehen, deren thierische Rohheit sie des Namens Mensch unwerth gemacht hat? Auf einen großen Gedanken kommen in Frankreich tausend Schandthaten; und statt der Freiheit, die man von dort durch die Welt zu tragen behauptete, bringen die französischen Heere die Knechtschaft mit, wohin sie kommen. Den Völkern werden ihre angestammten Fürsten genommen, fremde Gesetze werden ihnen aufgedrängt, ihre Länder gebrandschatzt, ihre Weiber entehrt, ihre Söhne zu weitern Eroberungen mit fortgeschleppt — ist das Freiheit Rahel? Kämpfen Bonaparte und seine Generale für die Freiheit? Werden die Völker geistig veredelt, moralisch gebessert, materiell gefördert durch diese Schlachten? Ich frage Sie Rahel?

Nein! sagte sie und wollte ein aber hinzusetzen, als Gentz sie unterbrechend fortfuhr: Wie himmlisch Sie mit Ihren klugen Augen zuhören, rief er, kein Mensch versteht das so gut als Sie, es ist eine Wonne, vor Ihnen zu sprechen. Schweigen und hören Sie nur noch ein wenig, meine Seele öffnet sich vor dem Glanz Ihrer Augen, wie Blumen dem Sonnenlicht. Hören Sie zu. Nicht wahr, jene Freiheit, in der die Massen in Masse sich erheben, das ist also nicht die rechte; und doch bedarf der Einzelne der Freiheit für sich. Ich kann es nicht ertragen, wenn ein Edelmann auf mich herabsieht, weil seine Urältern schon in Karossen fuhren, während die meinen die Pferde hüteten; ich bin klüger, ich bin so gut, ich bin besser als er. Er soll mich für seines Gleichen erkennen, wenn ich es bin; er soll mich verehren, bin ich ihm überlegen. Stufenweise steige ich rastlos zu seiner Höhe empor, allein auf mein eignes Bewußtsein gestützt und mit jedem Schritte, den ich steige, trete ich zugleich den Berg nieder, auf dem er über mir emporragte; je höher ich gelange, je leichter die Mühe. Der Thron, der auf dem höchsten Punkte stand, fängt an zu wanken unter meinem festen Schritte, man streckt von dort angstvoll die Hände nach Hilfe aus, ich biete die Meine, ich einzelner, unscheinbarer Wanderer, ich biete meine Hand. Man wirft mir Scepter und

Reichsadler zu, ich stütze, ich erleichtere, ich halte das Gleichgewicht, ich regiere, und — es sollte mich nicht wundern, würfe sich mir endlich die schöne Königin an die Brust, weil sie mich ruhig sieht und stark in der allgemeinen Verwirrung.

Das ist ein hübsches Mährchen, sagte Rahel lächelnd, da Gentz die Augen zu ihr erhob und sie in sein flammendes Gesicht blickte.

Aber die Moral davon, rief Gentz freudestrahlend, die Moral, Rahel, merken Sie sich: die Großen überragt man, nicht indem man sie erniedrigt, sondern indem man sich erhebt. Freiheit erwirbt ein Jeder nur für sich allein: thut das Jeder, so haben sie Alle; und stehen Alle auf der Höhe, die sich dort zu halten vermögen, so verschwindet der Thron und seine Besitzer in der Masse. Das ist meine friedliche Theorie, nach der ich revolutionire, zum allgemeinen Besten mein eigenes befördernd.

Gentz! sagte Rahel, das Mährchen wird wahr werden. Ein Egoismus wie der Ihre, der die Welt und die Weltgeschichte nur als einen Rahmen für das eigene Bild, nur als ein Feld der eigenen Thaten betrachtet, ist allmächtig. Hätten Sie Muth und Todesverachtung, Sie wären ein Bonaparte geworden mit diesem Egoismus. Da Sie das Leben lieben und weiche Genüsse, werden Sie — Friedrich Gentz sein und mächtig —

Zuverlässig! bestätigte er.

Und was soll ich dabei? was wollen Sie mit meiner Liebe, neben Ihrer Liebe für die Unzelmann, die Sie nicht leugnen können?

Das fragen Sie? Ich brauche eine Unzelmann, mich Abends auszuruhen, mit ihr zu tändeln, wenn ich müde bin, mich von ihr mit dem süßen Zuckerwerk der Schmeichelei füttern zu lassen, wenn mir das Geringste gelang. Ich brauche sie, um von ihr zu hören, wie vortrefflich ich bin, wenn ich einen Augenblick daran zweifeln könnte; aber Dich Rahel —

Nun mich?

Dich, sagte er plötzlich ernsthaft, möchte ich haben, mich zu stützen, wenn meine Kraft erlahmt, denn Du bist ein mächtiges Weib, und Dein liebender Beistand würde mich nie demüthigen, wie die übermüthige Hilfe, die ein Mann uns bietet in der Stunde der Noth. Mit Dir möchte ich kämpfen, mit Dir stehen am Ziele, hoch oben auf den Höhen der Menschheit und Dir sagen: sieh, was wir errangen! sieh das Volk, das in blöder Dumpfheit am Boden kriecht! Und Du solltest herabwerfen von unserm Ueberflusse was Du möchtest, und sie sollten Dich anbeten auf Deiner Höhe, auf der Höhe in meinen Armen; und keiner von uns Beiden sollte wissen, wer der Schöpfer ist unseres Glückes, wer der Geber und wer der Empfänger, denn wir wären Eins, weil Du mein wärest, Rahel! Begreifst Du denn nun, daß ich den Prinzen hasse, weil Du ihm giebst, was zu schätzen und zu nutzen seiner leichtsinnigen Natur die Kraft fehlt, Deine mächtige Seele?

Gentz stand auf und lehnte den Kopf schweigend gegen die Fensterscheiben, Rahel schien erschüttert zu sein. Obschon noch früh im Jahre, war das Zimmer drückend heiß. Gentz öffnete die Fenster, er und Rahel schöpften freier Athem. Dann trat er nach einer Weile an sie heran, nahm ihre Hand und fragte: Nun, Rahel? haben Sie kein Wort für mich?

Den Trost, daß Sie Ihr Ziel erreichen werden auch ohne mich, und die Versicherung, daß ich den Prinzen lieben muß, weil ihm all die Kraft, all die Energie der Selbstsucht mangelt, die ich an Ihnen bewundre. Sie können mich entbehren, er wird mich brauchen; ich muß für ihn leben und leiden, auch wenn er es nie erfährt.

Sie werfen einem Verschwender Millionen hin, der sie achtlos verschleudert, während Sie sie mir entziehen, der Wunder damit wirken könnte; müssen Sie unwiderbringlich so handeln, Rahel?

Ich muß, antwortete sie bestimmt, aber wir wollen uns im Auge behalten.

Für das Leben, fügte er hinzu, denn wir sind zwei große Menschen.

Elftes Kapitel.
Prinz Louis Ferdinand an Rahel Levin.

———

Magdeburg, den 28. April 1801.

Ich bin fortgegangen ohne Abschied von Ihnen, liebe Rahel! das wäre undankbar und herzlos von jedem Andern, von einem Prinzen nicht, denn ein Prinz hat keinen Willen. Ein Prinz ist ein Stift in der großen Drehorgel der Staatsmaschine, Monarchie genannt, die der König nach beliebigem Takte dreht, bald im Wiegenlieder-Rhythmus, das überwache Volk einzuschläfern, bald in Marschmusik, um es aufzustacheln, wie es den Zwecken des Allmächtigen paßt. Wehe dem Stifte, der für sich allein Geltung verlangt, der selbstständig die klingende Seite berühren will. Es wird ein Mißton werden vor dem Ohre des Königs, und hätte er den geahnten Klang der Sphärenmusik hervorgerufen. In einer Maschine darf sich kein Leben zeigen, denn dies macht die Herrschaft des Maschinisten unmöglich.

Sie haben mir in der Neujahrsnacht gesagt: ich bin Deines Gleichen, weil Sie fühlten, Rahel! wie einsam, wie trostlos mein Leben ist; und doch reicht Ihre Vorstellung nicht an die Wirklichkeit hinan. Ein Zustand, der uns nur Pflichten auferlegt, ohne uns Rechte zu gewähren, ist die Hölle — ein apanagirter Prinz erduldet sie. O! das Jenseits müßte mehr sein als ein

Paradies, um mir Entschädigung zu bringen für die Hölle, die auf Erden in meinem Bewußtsein brennt.

Ich war ein offener, ein guter Knabe, mein Herz kam weich aus den Händen der Natur; meine Seele war voll süßer Musik. Ich liebte die Menschen, ich hatte Vertrauen zu ihnen, ich freute mich, wenn sie mir eben so zuversichtlich nahten. Man sagte mir: traue ihnen nicht! Du bist nicht ihres Gleichen, sie lieben Dich nicht, sie schmeicheln Dir, weil sie Dich brauchen. Man senkte Mißtrauen in mein argloses Herz, aber ich konnte nicht aufhören zu lieben. Ich bat: gebt mir die Macht, die ich habe, sie zu beglücken, damit sie mich lieben, damit ich gewähre, was sie erstreben. Die Macht ist des Königs, antwortete man mir.

Ich fühlte mich einsam, ich verlangte nach Glück, man zeigte mir den Weg des Ruhmes; brennend vor Siegeslust, stürzte ich mich hinein, die Hand des Königs hielt mich zurück. Mitten im Kampfe, in den Stätten, in denen wir rasteten, war mir der Stern des Familienlebens aufgegangen, der Stern der Gatten- und der Elternliebe. Hatte ich nicht Macht, so wollte ich friedliches Glück. Politische Rücksichten traten störend zwischen die Wünsche meines Herzens. Das ebenbürtige Weib, aus dessen Händen ich die friedliche Myrtenkrone zu empfangen begehrte, schmachtet einsam unter der Last des kalten, goldenen Diadems, das man ihr aufgedrückt hat gegen ihren Willen.

Man sah mich leiden, ich floh die Welt. Aber ein Prinz soll nicht leiden, er soll ewig lächeln wie die leichtlebenden Götter, denn er muß erhaben sein über die Menschheit, deren Loos das Leiden ist. Man bot mir Spielzeug mancher Art: ergebene Höflinge, die meine Thorheit priesen, gefällige Weiber, welche meinen Wünschen zuvorkamen. Dem Edeln in mir standen überall Schranken entgegen, für meine Thorheiten fand ich ein offenes Feld. Ich habe es benutzt. Uebersättigung ist die Frucht geworden von der Blüthe des Genusses.

Und wieder verlangte ich die Macht, die man mir gezeigt in den Tagen meiner Kindheit als mein angestammtes Recht. Ich sah Unrecht, Unterdrückung um mich her, ich litt für die Menschen, weil ich das Elend der Unfreiheit fühlte; ich wollte helfen, retten, trösten, bessern, ich war selbst in Ketten, und so kurz ist die goldene Kette, die mich an den Thron fesselt, daß mir jede freie Regung unmöglich ist.

Bei jedem Schritte, den ich zu machen das Recht habe, das eingeborne Recht des freien Willens, hebt angstvoll eine Kamarilla die Hände empor und ruft: Rege Dich nicht, Du bist zu nahe am Throne, Deine Bewegung erschüttert den Thron.

Den Thron! und was ist er mir? Das Sinnbild der Macht meines Vaterlandes, das Erbtheil meiner Väter? Wohl! so erhaltet ihn in der strahlenden Pracht, in der sie ihn uns hinterließen, so macht ihn hell leuchten vor den anderen Nationen, wie mein Herz sein Vaterland zu sehen begehrt. Färbt den Purpur des preußischen Königsmantels, prächtig roth mit dem Blute meines Herzens, laßt mich eine Stütze sein des Thrones, ein Theilnehmer der Macht, laßt mich kämpfen gegen die Schmach, laßt mich ringen für seinen Ruhm — unmöglich! die Macht ist des Königs und untheilbar in ihm.

So gebt mir die Freiheit, ein Bürger zu sein; gebt mir die Freiheit, die in der Gleichheit mit den Menschen beruht! Laßt mich ein Weib nehmen nach meinem Herzen, gebt mir die Freiheit, sie theilhaftig zu machen meiner Ehre, sie zu schützen gegen den Angriff, der sie bedroht, und die Schande abzuwenden, die mich trifft in ihr! Nein! und Nein! und Nein!

Trage Ketten, dulde Schimpf, sei prächtig in Armuth, denn du bist ein Prinz! — Rahel! verstehen Sie den Fluch?

Mein Herz drohte zu brechen unter seiner Last, und in wessen Brust durfte ich den bittern Kelch meines Leidens leeren, als in die Ihre? Ihre Freundschaft, Ihre uneigennützige Treue sind der Balsam, den ich auf meine Wunden lege, wenn sie mich zu sehr schmerzen in der Einsamkeit der Feste, mit denen man hier meine Ankunft feiert.

Ich werde fortgehen nach Schricke, sobald ich kann. Dort vergesse ich auf Stunden meine fürstliche Knechtschaft, dort fühlt sich auch Henriette glücklicher. Das arme Kind! ich hüte mich, sie ahnen zu lassen, welche Qualen ich erdulde; sie hat keinen Trost dafür, keine Kraft, wie die starke, treue Seele meiner Rahel, die mein einziger zuverlässiger Freund ist in der lieben Gestalt eines sanften Weibes.

Schreiben Sie bald, Rahel, dem armen Prinzen, damit der Mensch in ihm nicht den Glauben an die Menschen verliere und an sein Recht auf Freiheit.

Zwölftes Kapitel.

———

Nur wenige Wochen verweilte der Prinz in Magdeburg, dann
ging er nach Schricke, wohin sowohl seine Neigung als Henriettens
Sehnsucht ihn zogen.

Sie war nicht wieder in Schricke gewesen, seit sie es heim=
lich mit dem Prinzen verlassen hatte, sie sah ihre Verwandten
zum ersten Male wieder. Es waren peinliche Augenblicke.

Der Amtsrath kannte die Welt und seinen Vortheil zu gut,
war zu sehr angesteckt von den leichten Sitten jener Zeit, um in
dem Verhältniß Henriettens zum Prinzen etwas Anderes zu se=
hen, als den Vortheil, den es ihm selbst bringen mußte; denn
gegen den Onkel seiner Geliebten konnte der Prinz nicht mit
Strenge verfahren, wenn auch die Zahlungstermine unregelmäßig
gehalten wurden oder ganz ausfielen. Anders verhielt es sich mit
der Amtsräthin, einer jener gutmüthigen Frauen, die stets wahres
Mitleid haben mit fremdem Leid und die doch keiner Freude fä=
hig sind über fremdes Glück. Sie neidete Henrietten das Wohl=
leben in ihren jetzigen Verhältnissen, sie mißachtete sie als die
Maitresse des Prinzen, und haßte sie, weil der Amtsrath verlangte,
daß sie ihrer Nichte mit rücksichtsvoller Unterordnung begegnen
solle, um des Prinzen willen.

6 *

Wochen, Monate hinburch hatte es sich die Amtsräthin aus=
gemalt, in welchem Glanze, in welcher Pracht Henriette nun in
Schricke anlangen, wie herablassenb und hochmüthig sie auf ihre
Tante herabsehen werbe, und sich im Innern vorgenommen, die=
sem Hochmuth im Stillen burch ihre Verachtung entgegen zu tre=
ten, trotz aller Warnungen ihres Mannes. Mehrmals war sie
im Laufe der Zeit durch die Zimmer des Jagdschlosses gewandert
und hatte mit Unmuth gedacht, welches von diesen Gemächern
wohl Henriette bewohnen, welches sie für sich und das Kind ein=
zurichten befehlen würde? Sie hätte gern jede Dienstleistung
abgelehnt, sie wollte nicht die Magd ihrer entehrten Nichte sein,
aber der jedesmalige Amtsrath der Domaine hatte auch die Ober=
aufsicht über das Schloß, es blieb ihr keine Wahl.

Plötzlich jedoch war der Befehl angelangt, die Meierei, ein
Schweizerhäuschen am Ende des Parks, in wohnlichen Stand
setzen zu lassen und dort alle Einrichtungen zum Empfange des
Prinzen zu treffen, da Mademoiselle Fromm es vorziehe, in die=
sem kleinen Landhause zu wohnen. Die Amtsräthin, sehr ver=
wundert und voll von dem Vorurtheile gegen Henriette, hatte die
erhaltene Weisung befolgt und darin den Hochmuth ihrer Nichte
zu erkennen geglaubt, die lieber schlecht wohnen, als ihren Ver=
wandten begegnen wolle.

Endlich, an einem schönen Abende nach einem der ersten
Tage des Maimonates, war ein schlichter Reisewagen über den
Schloßhof nach der Meierei gefahren. Henriette mit dem Kinde
und der Wärterin hatten in demselben gesessen, Diener und Kam=
merjungfer hinten auf. Das war der ganze Hofstaat gewesen,
den die Amtsräthin sich im Zorne oft so pomphaft vorgestellt.
Zwei Stunden später hatte es an ihre Thüre geklopft und Hen=
riette war hereingetreten.

Sie war allein durch den Park gegangen, den sie so oft in
jugendlicher Harmlosigkeit durchstrichen hatte. Das erste Laub

der Bäume zitterte im Abendwinde, leicht vergoldet von den schrägen Strahlen der untergehenden Sonne. Aurikeln, Primeln, Hyazinthen drängten sich aus den braunen Beeten duftig hervor, ein leichter Nebel stieg aus dem Boden und legte sich sonnenbe= leuchtet, wie ein zarter Flor über die Erde.

Henriette wollte einige Blumen pflücken, aber ihr fehlte der Muth dazu; sie fürchtete den Tadel des Onkels, der es nicht gern sah und sie früher bisweilen dafür gescholten hatte. Jeder Baum, jeder Strauch war ihr hier lieb und bekannt, als Erinnerung an die Tage der Kindheit, welche sie hier, mit der Mutter gastfreund= lich aufgenommen, bei dem Onkel verlebt, als Zeugen ihrer be= ginnenden Liebe für den Prinzen; und doch fühlte sie sich fremd und beklommen. Der Garten kam ihr kleiner, das Schloß nicht mehr so prächtig vor; die Blumen, die Bäume schienen ihr zuzu= rufen: wir sind die alten geblieben, und Du, bist Du noch die= selbe?

Alle ihre Erlebnisse, ihre Leiden, ihr Glück zogen an ihrem inneren Auge vorüber, sie fühlte sich reich in dem Besitze ihres Geliebten, in ihrem Kinde, aber die Freude über diesen Reich= thum war nicht rein. Ihrer Natur fehlte die Kraft, selbstständig, allem Tadel der Welt zum Trotze, ein Glück zu empfinden, das ihr als ein solches erschien.

Sie hatte nicht den Muth der großen Liebe, die sich Achtung erzwingt selbst da, wo sie gegen das Herkommen verstößt. Solch eine Liebe macht frei, macht das Weib zum Gesetzgeber für ihre Umgebung, macht ruhig gegen das Urtheil der Menge und glück= lich durch sich selbst. Henriette jedoch bedurfte außer der Zustim= mung ihres Gefühls und ihres Gewissens, auch der Zustimmung der Menschen; sie war abhängig von Lob und Tadel, sie blieb ein Kind, das vor jedem strengen Blicke in seiner Umgebung zit= terte, selbst in den Armen des Geliebten. Daran krankte ihre Seele, darunter litt der Prinz.

Zagend und scheu betrat Henriette das Schloß, zagend und scheu blieb sie an der Schwelle ihrer Tante stehen und warf sich dann weinend an ihre Brust. Vor dieser Demuth, vor dieser Liebe schwanden der Zorn und alle übeln Eindrücke, welche die Amtsräthin in sich heraufbeschworen hatte. Statt der hochmüthigen prächtigen Maitresse des Prinzen, die sie sich vorgestellt, gegen deren Stolz sie sich gewaffnet, stand ein bereuendes, einfaches Kind vor ihr da, das ihr die Hände küßte und mit dem süßesten Wohlklang der Stimme Vergebung erflehte.

Sie trug wie früher ein schlichtes, weißes Kleid, ein schlichtes rosa Band um die feine Taille geschlungen; sie war nicht frisirt wie die vornehmen Gräfinnen der Nachbarschaft, mit deren lockigen Frisuren zu wetteifern ein Stolz der Amtsräthin war. Kein Schmuck, keine Pracht, keine Glückesjubel beleidigten ihr Gefühl. Henriette war sogar etwas blässer geworden, ihre Augen hatten den kindlichen Frohsinn verloren, ein Anflug von Schwermuth drückte sich in ihnen und in den Zügen ihres Mundes aus, sie mußte also doch nicht ganz glücklich sein. Von dem Augenblicke ab liebte die Amtsräthin ihre Nichte wieder, denn die Selbstsucht ist befriedigt, wenn sie den Gegenstand ihres Neides beklagen kann.

Die Wärme, mit der die Tante Henriette umarmte, entzückte diese. Die Tante erzählte und fragte, fragte und erzählte, als Henriette sie unterbrechend bat, nur erst das Kind sehen zu kommen.

Ein neues Zorngefühl wollte in der Tante aufsteigen; aber als sie den Garten durchschritten hatten, als Henriette die Treppe der Meierei emporflog und der starken, langsam nachkeuchenden Amtsräthin den schönen Knaben entgegentrug, der freundlich lallend seine runden Aermchen nach ihr ausstreckte, da ward das Weib mächtig über die Fräu Amtsräthin, und die alte Tante und die junge Mutter wetteiferten in ächt weiblichem Entzücken über das schöne Kind.

Als dann bei einbrechender Nacht die Equipagen des Prinzen anlangten, als er selber in das Zimmer trat, Henriette umarmte, das Kind herzte, der Tante freundlich die Hand reichte und sich mit allem Behagen eines Hausvaters, der in seine Heimath zurückkehrt, an der gedeckten Tafel niederließ, an welcher auch die Tante und der Onkel Platz nehmen mußten, da fühlte die Erstere sich glücklich in der Liebe zu ihrer Nichte, obschon sie ihr beneidenswerth vorkam.

Eine Reihe friedlicher Tage folgten diesem ersten Abende. Der Prinz schien mit der Uniform all seine Sorgen abgelegt zu haben. In grüner Pekesche, ungepudert, in der leichten Hauskleidung eines Landmannes, so sah man ihn von früh bis spät, bald zu Pferde, bald mit der Flinte über der Schulter oder an Henriettens Seite die Gegend durchstreifen. Die fürstlichen Säle des Schlosses blieben unbenutzt; der Prinz wohnte bei Henriette in der Meierei; keine Feste wurden veranstaltet, keine Besuche des hohen Adels aus der Nachbarschaft angenommen, der sich zu Audienzen meldete. Der Prinz führte das Leben des einfachsten Gutsbesitzers und fühlte sich glücklich darin.

Henriette hatte sich allmälig einen kleinen Haushalt geschaffen, für den sie hausmütterlich sorgte. Sie selbst ordnete den Tisch, sie selbst bereitete einzelne Lieblingsspeisen des Prinzen, zu großem Entsetzen von Monsieur François, der dies zu deutsch und zu bürgerlich fand.

Eines Tages hatte der Prinz mehrere Stunden am Flügel zugebracht, als er vor die Thüre des Hauses trat, wo in einer Fliederlaube, zu Henriettens Füßen, der Knabe auf einem weichen Teppich die kräftigen Glieder dehnte. Henriette sah so glücklich aus, daß der Prinz sich davon erquickt fühlte.

Hat Dir die Musik Freude gemacht? fragte er, Du siehst so schön aus in Deiner Heiterkeit.

Wohl! antwortete sie, aber das ist es nicht allein.

Und was war es denn noch, das dich erfreute?

Henriette zog ihn zu sich, lehnte den Kopf an seine Schulter und sagte mit süßer Verschämtheit: Ich habe heute so sehr das sichere Gefühl gehabt, wie Du mir gehörst, wie wir unauflöslich verbunden sind, daß ich —

Nun? fragte der Prinz, da Henriette mit glühendem Er-röthen schwieg, daß Du? —

Daß ich, als ich von Dir sprach, mein Mann sagte; sie stieß die Worte so schnell heraus, als fürchte sie, der Muth dazu könne ihr wieder entschwinden.

Der Prinz blickte sie betroffen und halb verwundert an. Eine lange Reihe von Anschauungen eröffnete sich mit diesen ein-fachen Worten vor seinem Geiste. Das ganze Glück jenes rechtmä-ßigen bürgerlichen Besitzes, welches die Gatten so fest verbindet, daß sie nur noch in Bezug auf einander existiren, daß das Weib sich nur als die Frau ihres Gatten, dieser sich nur als den Mann seiner Frau denkt und empfindet, wurde ihm plötzlich klar. Er neidete dem ärmsten Bürger das Recht, vor aller Welt seine Er-wählte meine Frau zu nennen und für sie, unter dem Schutze dieses Namens, die Achtung fordern zu dürfen, die ihre und seine Verhältnisse mit sich bringen. Es that ihm weh, dies Glück ent-behren zu müssen, er fühlte, was Henriette damit entzogen sei. Der Prinz, Henriette, Willy, wie kalt, wie fremd, wie uneigen klang das Alles, gegen das heilige, süße: mein Mann! meine Frau! mein Kind! — Der Begriff der Familie in seiner Schönheit als menschliche Verbindung, als Institut der Gesellschaft ward lebendig in dem Prinzen.

Henriette! sagte er, und empfand, daß er sie selbst in diesem Augenblicke nicht seine Frau nannte, Henriette! heute, hier unter diesem blauen Himmel schwöre ich Dir, daß ich Dich nie verlassen werde, daß keine Macht der Erde mich je dazu bringen soll, mich von Dir und dem Kinde zu trennen, daß ich fester an Euch halten will, als hätten zehn Priester ihren Segen über uns gesprochen. Du bist mein Weib, es ist mein Kind, Ihr seid meine Familie; ich gehöre Euch für ewig. Louis Ferdinand hat sich Dir angetraut mit seinem freien Willen; hat das nicht die bindende Kraft des Priesterwortes? Gilt ein Priesterwort mehr, als das Wort eines Ehrenmannes? eines Prinzen von Preußen?

Ein reines, stolzes Selbstgefühl strahlte von seiner Stirn, er war erhoben und frei in seinem Inneren.

Henriette blickte ihn beseligt, geblendet an; sie begriff, daß sie diese Natur nicht erfassen, sondern nur lieben könne. Sie vermochte nicht ihn zu umarmen, sie faltete die Hände und sagte: o! ich glaube Dir!

Und mehr als je war er ihr der Prinz in diesem Augenblicke, weniger als je hätte sie ihn ihren Mann zu nennen vermocht.

Ich glaube Dir, Louis! wiederholte sie, aber halte das Priesterwort darum nicht gering. Der Segen Gottes hat so viel Beruhigendes in Glück und Noth.

Der Prinz schwieg schmerzlich. Hier stand er an den Grenzen dieser Natur. Henriette war gebunden innerhalb der Schranken, welche ihr geistiges Auge zu übersehen vermochte; sie hinaus blicken zu lassen über dieselben hinweg, in ein weiteres, freieres Feld, war unmöglich. Sie vermochte es nicht.

Sein verwundetes Gefühl zu verbergen, schlug der Prinz einen Spaziergang vor, und Henriette hatte eben Hut und Schirm genommen, als die Amtsräthin erschien. Sie wollte wissen, wohin der Prinz zu gehen denke? Er würde die Wahl Henrietten überlassen, sagte er.

Wäre es Dir unlieb, mein Louis! fragte diese, wenn wir einmal nach der Schäferei gingen? ich habe den alten Klaus noch nicht wiedergesehen, seit ich zurückgekommen bin.

Wer ist der alte Klaus?

Den kennen Hoheit nicht? fiel die Amtsräthin ein, den kennt ja

jedes Kind auf zehn Meilen in der Runde. Er kurirt alle Krank=
heiten, die kein Arzt zu heilen vermag; er kennt das Wetter vor=
aus, er bespricht Schäden und, — Hoheit mögen darüber lachen,
denn ich weiß wohl, die Aufgeklärten in der Residenz lachen über
so Etwas, und ich habe auch gelacht, bis ich es erlebt habe, aber er
kann die Zukunft voraussagen. Er hat's ja auch Jettchen prophezeit.

Und was hat er Dir prophezeit, Du Liebe? fragte der Prinz
lächend. Etwa einen schönen Prinzen aus dem Feenreich mit gol=
dener Krone? Du siehst, ich habe keine.

Nein! sagte die Amtsräthin, er hat ihr prophezeit, sie würde
ihren Myrtenkranz nicht aufsetzen; und das war doch noch, ehe
Hoheit nach Schricke kamen und Jettchen sahen; es war, als
wir schon Alles zur Aussteuer mit dem Kammerrath zusammen=
gepackt hatten. Die steht nun noch, liebes Kind! und Du kannst
sie mitnehmen, auch die Wiege von Deiner Mutter; aber die
möchte freilich für die Kinder der Hoheit zu simpel sein. Ich
gebe Dir die Aussteuer, die für Dich bestimmt war, auch jetzt
noch von Herzen gern.

Es lag Etwas in diesen ganz natürlichen Worten, das den
Prinzen sowohl, als Henriette verstimmte. Menschen, in deren
Seelen eine wunde Stelle ist, sind selbst von wohlmeinenden
Freunden den schmerzlichsten Verletzungen ausgesetzt. Weil sie
die Wunde mit der Schamempfindung wahren Unglücks zu ver=
bergen trachten, vergißt man sie, und berührt sie unvorsichtig.

Aber was willst Du eigentlich bei dem Alten? fragte der
Prinz.

Ich möchte ihn gern wiedersehen, antwortete Henriette. Als ich
noch ein Kind war, ist er schon immer gut und freundlich für mich ge=
wesen, hat mir Weidenkörbchen und Strohkästchen geflochten, und
die Mutter hat mich stundenlang bei ihm in der Hürde gelassen,
wenn wir hier zum Besuche waren. Ich bin oft den ganzen
Nachmittag bei ihm geblieben, und wenn ich mich müde gelau=

fen hatte auf dem Felde, hat er mich auf seinen Armen nach
Hause getragen. Du glaubst nicht, wie verständig er ist und
was er Alles weiß. Er hat wirklich Etwas von den Erzvätern
des alten Testamentes, die ja auch Schäfer waren.

Die Neugier des Prinzen war erregt, er machte sich mit
Henriette auf den Weg, welche darauf bestand, daß man ihr den
Knaben nachtrage, damit der alte Klaus ihn sähe.

Die Gegend um Schricke ist nicht durch großartige Schönheit
ausgezeichnet, sie ist ächt norddeutsch, das heißt flach. Zwischen
reichen, fetten Wiesen, aus denen gelbe Butterblumen und rothe
Feldnelken hervorwuchsen, schlängelt sich ein kleines Flüßchen. Er=
lenbüsche, Schilf und Kalmus fassen es ein. Große gelbe Mum=
meln und träumerische, weiße Wasserlilien ruhten im warmen
Sonnenschein auf ihren fetten, glänzend grünen Blättern. Ein
Fichtenwald begränzte den Horizont. Aber trotz dieser Einfachheit
war die Natur schön durch ihre friedenvolle Stille, durch ihre
sanfte Ruhe. Kein Lufthauch regte sich. Einzelne Fische sprangen
im Flüßchen empor, sich zu sonnen; Wasser=Insekten schossen pfeil=
schnell dahin. Zwei Schwäne aus dem prinzlichen Garten zogen
in stolzer Ruhe langsam durch die Fluth, während oben eine präch=
tige Weihe in großen, mächtigen Kreisen in der Luft schwebte.
Mit schrillendem Pfiff huschten die Wasserhühner, aufgeschreckt
durch die Tritte der Nahenden, in das Uferschilf, und pfeilschnell
stieg die Lerche empor, die Luft erfüllend mit ihrem Jubelschall.
Jede Blume, jeder Grashalm schien durstig das goldene Sonnen=
licht zu trinken. Alles lebte voll Daseinsfreude. Warm und weich
wie mit Liebesarmen, umgab die Luft die Erde, und dankbar
strömte diese ihr die süßesten Düfte entgegen in träumerischer Ruhe.

Und wie die Natur, so jung, so harmonisch waren die Men=
schen, die in ihr wandelten. Henriette in ihrem weißen Kleide,
mit dem langen flatternden Haar und den rosa Bändern ihres
Schäferhutes, war ein Bild blühender Jugend. Ihre Arme,

ihre Bruft, die sie nach der Sitte jener Zeit nur wenig verhüllt trug, erglänzten in rosiger Frische. Der Prinz folgte mit Luft jeder ihrer Bewegungen, wenn sie sich losmachte von seinem Arme, hier eine Blume, dort ein Gräschen zu pflücken, das sie bald an ihre Bruft, bald in ein Knopfloch des Prinzen steckte, oder es dem Knaben hinhielt, der es fest in seine kleinen Händchen preßte. Scherzend, lachend, mit dem Kinde tändelnd, so erreichten sie die Wohnung des Schäfers Klaus.

Ein großer Wolfshund, der an einer langen Kette vor seinem Häuschen lag, schlug an. Als Henriette näher kam, erkannte er sie und sprang an ihr in die Höhe.

Ach! der Wasser hat mich noch nicht vergessen, rief sie, den breiten zottigen Nacken des Hundes mit ihren Händen liebkosend. Sie wollten in das Haus eintreten, aber der Hund widersetzte sich, sobald der Prinz und die Wärterin Anstalt machten, Henriette zu folgen. Behutsam trat also Henriette allein an das Fensterchen und klopfte an die Scheiben.

Gleich darauf ward es geöffnet, Klaus steckte den Kopf hervor, und mit den Worten: Herr Jesus! die Mamsell Jettchen! wendete er sich schnell fort, den Ankommenden entgegen zu gehen.

Als er die obere und dann die untere Hälfte der Thüre aufklinkte und auf die Schwelle trat, mußte er den Kopf bücken, obgleich das Alter seine hohe Gestalt bereits gebeugt hatte. Der Prinz betrachtete ihn scharf. Nach den Berichten der beiden Frauen hatte er sich auf einen jener wunderthuenden Hirten gefaßt gemacht, welche schlau von ihrer erheuchelten Einfachheit Vortheil zu ziehen wissen. Aber keine Spur irgend einer Unwahrheit oder Berechnung lag in dem Wesen des Schäfers. Es war der norddeutsche Landmann in schlichter, kraftvoller Natürlichkeit.

Seine hohe Gestalt, die breiten Schultern, die gesunden Zähne verriethen eine noch fortdauernde Kraft, welche den siebenzig Lebensjahren getrotzt hatte. Sein langes graues Haar hielt ein breitzahniger, weißer Hornkamm hinter den Ohren zurück. Hohe Lederstiefel, eine Hose von ungebleichtem Drillich und eine lange Hausjacke von dunklem Flanell, an der Bänder die Stelle der Knöpfe vertraten, machten seinen Anzug. Die Pelzmütze, welche er aufgehabt hatte, und die kleine aus Maserholz geschnitzte, fast schwarz gewordene Pfeife hielt er in der linken Hand, während er die Rechte Henriette entgegenreichte.

Na! endlich! rief er. Ich habe schon all die Tage gedacht, ob ich denn nicht einmal hinauf sollte während Mittag, aber ich hab' gemeint, wenn sie noch die Alte ist, da kommt sie schon.

Ja gewiß! entgegnete Henriette, und nun sind wir ja auch da. Das ist das Kind, Klaus, sagte sie, nahm es in den Arm und hielt es ihm entgegen, freudestrahlend und doch erröthend. Und das ist der Prinz! fügte sie hinzu, während ein noch tieferes Roth ihre Wangen überströmte.

Ich werde ja wohl unsern Prinzen noch kennen, Mamsell Jettchen! rief Klaus, aber das Kind, das ist gerade wie Sie! na! denn nur in's Haus, da ist's nicht so heiß und Sie sind ja oft drin gewesen, da wird's nun auch noch nicht zu schlecht sein, weil Sie ja doch gekommen sind.

Der Alte nahm den Knaben auf den Arm und ging voran, das Kind ließ es sich gefallen, der Prinz und Henriette folgten, die Wärterin blieb in dem kleinen Vorflur stehen, da Klaus die Thüre hinter den Andern zuzog.

Ein Tisch von weißem Holze mit Kreuzfüßen stand am Fenster, ein hölzerner Stuhl mit kleinem Sitz und hoher Lehne daneben. Brod, Käse und ein dickes Taschenmesser lagen auf der reinlichen Platte. Ein großes Bett mit weiß und blau gewürfelten Vorhängen und thurmhohen Kissen nahm fast die eine Wand des kleinen Stübchens ein, der Heerd, dessen Mantel weit in das Gemach hineinragte, das obere Ende. An dem Mantel des Heerdes hingen ein Paar Töpfe. Einige irdene Schüsseln, ein weiß und blauer

Krug mit zinnernem Deckel waren als die Prachtstücke des Haus=
rathes auf einem Wandbrettchen aufgestellt. Darunter befand sich
ein grüner Koffer, deſſen geöffneter Deckel eingeklebte bunte Bilder
und vergelbte Holzschnitte zeigte. Ein Paar Stühle ſtanden zwiſchen
der Thüre und dem Fenſter. Von dieſen räumte Klaus den lan=
gen Rock und die andern Winterſtücke fort, die er eben zu lüften
aus dem Koffer genommen hatte, und ſetzte ſie dem Prinzen und
Henrietten hin, ohne ſie weiter zu ſäubern oder ſonſt irgend ein
Zeichen jener Verlegenheit merken zu laſſen, die gewöhnlich bei uns
der Aermere dem Reichen gegenüber an den Tag legt.

Dann zeigte er dem Kinde mit der rechten Hand zur Decke
des Stübchens empor, von deren ſchwarzen Balken drei weiden=
geflochtene Vogelbauer herniederhingen. Das größte bewohnte ein
Dompfaffe, der Stolz und die Freude des Alten, welcher den
Vogel ſelbſt in der einſamen Hürde für ſich abgerichtet hatte. Als
die Andern ſaßen, pfiff Klaus, mit dem Kinde tändelnd, den Deſ=
ſauer Marſch, in den der Vogel ſogleich mit einſtimmte. Das
Kind hob das Köpfchen in die Höhe und griff mit den Händen
nach dem Vogelbauer hinauf.

Aha! Schatz! rief der Alte, Du ſchlägſt nach der Mama! die
hat auch ihre Freud' gehabt an dem Jakob da oben, wenn er ſeine
luſtigen Stückchen blies. Wart'! Du ſollſt's gleich ganz ſo gut
haben als ſie.

Damit ging er an den Koffer, holte aus der kleinen Beilade
deſſelben ein Paar große Aepfel hervor, die er auf den Tiſch legte
und, nachdem er das Käſemeſſer an ſeiner Jacke abgewiſcht hatte,
in Stücke zerſchnitt. Das erſte reichte er dem Kinde hin, welches
es begierig in das Mäulchen ſteckte, dann bot er den Eltern das
Uebrige an. Es ſind vorjährige, ſagte er, große Stettiner, ſie ſind
noch friſch, als kämen ſie vom Baume, und Durſt mögen Sie
wohl haben, denn es iſt heiß. Ich dachte nicht, daß ich ſie für
Mamſell Jettchen verwahrte.

Der Prinz und Henriette nahmen davon, das freute den Alten. Währenddes pfiff der Dompfaffe unablässig seinen Dessauer Marsch, die andern Vögel zwitscherten dazwischen und das Kind lallte mit ihnen in die Wette seine unverständlichen Laute zu großem Ergötzen der jungen Eltern und des Schäfers, der stolz die Vorzüge seines gelehrigen Vogels pries.

Er war wohl auch Soldat, Alter! fragte der Prinz, daß Er den Dessauer so liebt? Da muß Er noch unter dem alten Fritz gedient haben und den alten Dessauer gut kennen, mit dem sie marschirt sind, wenn's losgegangen ist. Das war eine schöne Zeit!

Ich war niemalen Soldat, gnädiger Herr! sagte der Alte, und mit Verlaub, ich halt' auch Nichts davon. Der Krieg, der ist blos für die großen Herren; die haben davon die Ehre und unser Einer die Noth. Sie haben ja auch Hof und Haus, gnädiger Herr! und haben nun auch Weib und Kind, da wollten wir doch 'nmal sehen, wie's Ihnen gefiele, wenn Sie müßten die Frau verlassen und den armen kleinen Wurm, und kämen zurück und fänden die Saaten zerstampft und die Wälder umgehauen und Hof und Haus verwüstet und das liebe Vieh weggetrieben oder geschlachtet, und Weib und Kind im Elend. Das ist eine verflucht schlechte Zeit, und solche Zeiten haben wir immerfort gehabt unter dem alten Fritz, so lang er jung gewesen ist. Nachher, wie er zu Verstand kam, da ist's anders geworden, und unser König ist klug, daß er Frieden hält, denn's kommt Nichts raus beim Kriege für unser Einen.

Aber, Klaus! entgegnete der Prinz, wenn nun die Franzosen kommen und zerstampfen meine Saaten und treiben mein Vieh fort, da muß ich mich doch zur Wehre setzen, daß ich Herr bleibe in meinem Hause.

J! das ist keine Rede, gnäd'ger Herr! das versteht sich von selbst und das thät' ich noch heute, und wenn mir Einer blos wollte meinen Dompfaff da nehmen. Aber wenn sie so ausziehen, wie unter dem letzten König, dem Nachbar helfen, der sie nicht gebeten hat, komm und hilf mir, weil er sich schon alleine helfen wird, und unser Eins verliert über dem Spaß seinen letzten Sohn, der sich muß todtschießen lassen in Frankreich für Nichts und wieder Nichts, und die Alte nimmt sich's zu Herzen und geht auch unter die Erde, und nun bleibt man seelensallein, das ist kein Spaß, aber danach fragt der König nichts. Er wischte sich mit dem Aermel die Thränen aus den Augen und sagte: Und leicht ist's auch nicht, König zu sein!

Das hast Du mir immer gesagt, fiel ihm Henriette in's Wort, wenn wir uns Geschichten erzählt haben, und ich so gern die Königin sein wollte.

Man braucht's nur zu probiren an den Schafen, meinte Klaus. Da läuft Eins rechts, das Andere links, Jedes will was für sich, Jedes was Apartes haben und Alle rennen durcheinander. Heut ist's naß, das vertragen sie nicht; und morgen ist's kalt, das geht auch nicht; und denn kommt einmal der Wolf und einandermal ein Dieb, man wird nicht fertig, man muß ewig Acht geben, und wenn Gott nicht das Beste thut, so geht die ganze Heerde zum Kukuk. Es bringt's selten Einer zu Stande, daß er es den Schafen recht macht. Kann er das aber und thut er's, so wird's auch dem Herrn recht sein, und ich denke, dem König geht's eben so. Schwer ist's; macht er's aber den Menschen recht, denen Gott ihn zum Hirten gesetzt hat, so wird Gott auch mit ihm zufrieden sein und ihn im Paradies zur Ruh setzen, wie mich unser Herr Amtsrath hier im Hause.

So ist Er nicht mehr bei den Schafen? fragte der Prinz.

Nein! ich bleibe nicht mehr zu Nacht draußen; sie sagen, ich sei zu alt und ich kann die Nachtruh auch wohl vertragen. Aber am Tage da gehe ich herum auf den Weiden und sehe nach dem Rechten, und soll Einer Feiertag haben, oder sonst, so löse ich ihn ab.

Der Knabe, den abwechſelnd die Eltern und Klaus gehalten hatten, wurde unruhig, Henriette ſtand auf, um mit ihm fortzu=gehen. Dabei ſtreifte der Prinz ſie mit dem Hute an der Wange und küßte ſie, in der Beſorgniß, ſie verletzt zu haben.

Der Alte ſchmunzelte: Gelt! ſagte er, der iſt anders als der dicke, alte Kammerrath! Ich konnt's nicht ſehen, wie ſie das Kind dem Alten geben wollten, der zweimal ihr Vater ſein konnte. Das will Gott nicht, und es thut auch nicht gut. Aber wenn zwei zuſammen kommen, wie ich und meine ſeelige Alte, als wir jung waren, oder wie die Mamſell Jettchen und der gnädige Herr, zwei, die ſich gut ſind, ſo recht von Herzensgrund, das ge=fällt Gott wohl und darauf ruht denn auch der Segen Jahr für Jahr; ſolch einen Jungen wie den hätt's nicht gegeben mit dem alten Amtsrath.

Sie verließen das Haus, nachdem Henriette den Alten, der ſie begleitete, gebeten hatte, zu ihr zu kommen.

Ja! Das werd' ich, ſagte er, ich bringe auch die Wiege mit, die ich geflochten, ehe das Kleine kam. Sie kann für's Nächſte bleiben.

Wie wußte Er denn, wo Henriette war und wie es ihr ging? fragte der Prinz.

Die Frau Amtsräthin hat es mir geſagt und mich ausgezankt wegen der Prophezeiung, Sie wiſſen's ja! Sie ſagte, die wäre Schuld, daß es Nichts geworden mit dem Andern.

Alter! rief der Prinz, während ſie noch in der Thüre ſtanden, wir müſſen fort, der Kleine ſoll nach Hauſe; komme Er noch ein Ende mit uns und ſage Er, was es mit ſeinen Prophezeiungen auf ſich hat?

Der Alte war dazu bereit. Er ging zurück in's Haus, machte das Fenſterchen zu, klinkte die Stubenthüre ein und ſchloß vor=ſichtig beide Hälften der Hausthüre. Dann ſteckte er ſeine Pfeife ein, und wanderte neben dem Prinzen her, den Wieſenweg ent=lang, den ſie gekommen waren.

Das weiß ich selber nicht, was es mit meinem Prophezeien ist, antwortete der Alte auf die wiederholte Frage des Prinzen. Wenn ich denn aber so in der Hürde sitze, seelenallein unter Gottes weitem Himmel, da habe ich denn wohl bisweilen an Den und Jenen gedacht und an sein Lebensschicksal und wie es wohl noch mit ihm werden möchte, und dann ist mir eingefallen, wie es wohl kommen könnte; und hin und her hab' ich es Einem gesagt, und es ist so geworden. Das ist das Ganze.

Die kräftige Physiognomie des Alten schien bei diesen Worten verändert, vergeistet zu sein. Alles Rohe verschwand daraus, die groben Gesichtsformen traten zurück und nur der geistige Ausdruck der hellblauen Augen, die unter den starken, weißen Brauen hervorsahen, beherrschte seine Züge.

Klaus! rief Henriette, sage mir nur das Eine, woher hast Du es gewußt, daß ich meinen Hochzeitskranz nicht aufsetzen würde?

Es fiel mir einmal ein, und ich konnte es nicht mehr vergessen. Weshalb? das wußte ich nicht.

Sie wird es nie verschmerzen, sprach der Prinz halb in Gedanken zu sich selbst und doch laut genug, um von Klaus verstanden zu werden.

Und hat den Jungen? Den Gottes Segen? rief der Greis im Tone des Vorwurfs und Zweifels. Die ganzen Verhältnisse schienen ihm plötzlich klar zu werden. Er nahm den Knaben der Wärterin vom Arme, gab ihn Henriette und sagte: Das ist Gottes Segen, den der Herr nicht nehmen kann, auch wenn er das Kind zu sich nimmt; der Ehesegen, der sich nicht vergessen läßt, wo er einmal gegeben ist an Mann und Weib.

Alle Drei schwiegen. Der Prinz sowohl als Henriette fühlten sich wunderbar ergriffen von der ruhigen und doch so würdevollen Einfachheit des Schäfers. Sie drückte das Kind an sich und der Prinz schloß Beide in seine Arme, mit der Gefühlsinnig-

keit, mit der ein Mann sich dem Weibe verlobt am Altar. Klaus
faltete unwillkürlich die Hände, die Wärterin stand betroffen, ver-
ständnißlos dabei.

Als dann der Prinz Henriette aus seinen Armen ließ, hob er
sein Haupt zum Himmel empor und sagte: Ist das nicht Gottes
Dom? ist nicht der Alte, der Dich liebt, ein heiligerer Priester
des Herrn als der bezahlte Fremde, dessen Segen Dir so unent-
behrlich scheint, Geliebte?

Henriettens Augen füllten sich mit Thränen. Es waren Thränen der Rührung, der Freude und des Dankes. Sie küßte den
Prinzen, sie reichte Klaus die Hand, und neben ihnen schwangen
sich zwei Lerchen mit kräftigem Flügelschlag aus den jungen Saaten empor, der Natur ihr jubelndes Abendlied zu singen.

Dreizehntes Kapitel.

Jn der gänzlichen Zurückgezogenheit, in welcher der Prinz zum erstenmal mit Henriette und dem Kinde hier auf dem Lande lebte, gewannen seine Besitzungen einen neuen Werth für ihn. Er hatte bisher keine Liebe gehabt für seine Ländereien; sie waren ihm Nichts gewesen, als ungemünztes Gold, Mittel zum Zwecke. Seit aber das Gefühl der Elternliebe in ihm rege geworden war, ging auch ein neues Verständniß des Besitzes, des vererbbaren Gutes in ihm auf. Weib und Kind knüpften ihn an die Scholle, und jene Entwicklung, welche die Menschheit im Allgemeinen durchlaufen hatte, um zu staatlicher Civilisation zu gelangen, wiederholte sich hier in der Seele des Einzelnen.

Einfluß, Macht und Wirksamkeit waren ihm bisher nur in ihrer weitesten Ausdehnung, in der Gewalt der Krone denkbar gewesen: nun lernte er sie in der Begrenzung kennen und schätzen. Seine Unterredungen mit dem Prinzen Adolf wirkten in diesen Verhältnissen erfolgreich nach, seine Theilnahme für tüchtige Volks=bildung, für die Verfassung Englands befestigte sich. Er fühlte, daß in einem Staate, in dem der Bürger Theil hat an der Re=gierung, jeder Landbesitzer ein Herrscher sei, der seinen freien Besitz nach den allgemeinen Grundsätzen als Souverain regiert.

Sehnsüchtig nach Herrschaft, mußte er eine freie Staatsverfassung wünschen, weil er nicht Monarch, sondern Unterthan war.

Seine Schulden, die er oft als gleichgültig, oft als ein unvermeidliches Uebel betrachtet hatte, erschienen ihm nun als unwürdig, als eine Kette, die ihn von jener wahren, persönlichen Freiheit, innerhalb der Beschränkung, zurückhalte. Zum erstenmale erkundigte er sich ernstlich nach dem Umfange seiner Verpflichtungen, um die Möglichkeit zu bedenken, wie er ihnen genügen könne. Er war überrascht durch die Hilfsmittel, welche seine Besitzungen ihm zu bieten vermochten, wenn er nur einige Jahre hindurch größere Kapitalien auf ihre Verbesserung verwenden konnte, als er bisher gethan hatte. Nicht nur die Tilgung seiner Schulden wurde ihm dann leicht, es ließ sich vielmehr übersehen, daß mit der Zeit hier für die Seinen ein freies, schönes Erbe zu begründen sei.

Wollte er dieses erreichen, so mußte er jenen Aufwand beschränken, zu dem seine Verhältnisse in Berlin ihn zwangen, er mußte für eine Reihe von Jahren auf dem Lande als erwerbender, schaffender Landmann leben. Weil ihm dies schwer und eine Entbehrung schien, reizte ihn der Gedanke und er beschloß ihn auszuführen. Alle Anstalten dazu wurden getroffen. Der Prinz ließ die Meierei, welche nur ein Sommerhaus war und in der kältern Jahreszeit mancher Bequemlichkeit ermangelte, so einrichten, daß man sie auch während des Winters bewohnen konnte; im Jagdschlosse wurden für unerläßliche Gallatage die Empfangszimmer hergerichtet, die Bibliothek, die Klaviere des Prinzen von Berlin nach Schricke geholt und Alles auf einen längern häuslichen Aufenthalt berechnet.

Diese Vorbereitungen unterhielten den Prinzen angenehm. Es war das erstemal, daß er mit ruhiger Ueberlegung einen festen Plan verfolgte, der nicht auf überspannte Thatkraft, sondern auf tüchtige Ausdauer begründet war. Nicht die feurige Aufwallung des Jünglings, der beharrliche Charakter des Mannes sollte hier helfen, und der Prinz gewann Vertrauen zu sich selbst, da er sich Achtungswerthes zumuthete.

Die neuesten landwirthschaftlichen Bücher wurden herbeigeschafft und bildeten fast des Prinzen ausschließliche Lektüre. Verbesserungen aller Art sollten eingeführt, die Kultur des Bodens gehoben, das geistige und leibliche Wohl der Insassen gefördert werden. Die ganze Feuerkraft seiner Seele warf sich in diese neue Bahn. Von früh bis spät konnte man den Prinzen sehen, dem Amtsrath folgend in dessen Berufsgeschäften, um sich praktisch zu unterrichten. Lebhaft wie er in der Schlacht das Handgemenge suchte, um mit dem Degen in der Faust in den Reihen der Soldaten zu kämpfen, hätte er am liebsten auch jetzt überall selbst Hand angelegt in Garten und Feld, und manches Nützliche wurde in der ersten Zeit dieser neuen Thätigkeit geschaffen.

Jene Verbesserungen, bei denen der Erfolg sich augenblicklich offenbarte, Neubauten, welche schnell aus der Erde hervorstiegen, Anpflanzungen, Terrainverbesserungen durch Ableitung von Wassern gewannen die Theilnahme des Prinzen und erfreuten ihn; andere, die langsam vorschritten und erst nach Jahren einen Erfolg versprachen, ließen ihn kälter, ermüdeten und verstimmten ihn. Gewöhnt von Jugend an, seinen Willen durchzusetzen, seine Wünsche schnell ausgeführt zu sehen, war eine Ungeduld ihm zur zweiten Natur geworden, die in gewissen Fällen als Triebfeder zur That glückliche Erfolge hervorrufen konnte, die hier aber störend einwirkte, wo nur gleichmäßiges, besonnenes Vorschreiten zu helfen vermochte.

Der Amtsrath, ein verständiger Landwirth, der gern seine ruhige Straße ging, hatte dabei übele Tage. Führte er die übereilten Anordnungen des Prinzen aus, und diese mißlangen, so glaubte der Prinz an Vernachlässigung und Versäumniß; widersetzte er sich der Ausführung, um diesen Vorwürfen zu entgehen,

so ward ihm von dem Prinzen bald Unkenntniß der neuen land=
wirthschaftlichen Theorien, bald Trägheit als Beweggrund unter=
gelegt, und da seine Gegenvorstellungen erfolglos blieben, wählte
der Amtsrath endlich das Auskunftsmittel, Henriette als Vermitt=
lerin zu benutzen.

Diese, eine ächt weibliche, in bürgerlicher Beschränkung erzo=
gene Natur, hatte den Begriff des Erwerbens durch sorgliche
Sparsamkeit in hohem Grade, während ihr jene Art umfassender
Thätigkeit fremd war, welche großen Zwecken große Mittel opfert.
Sie begriff den Fleiß, nicht aber die Thätigkeit. So lag für sie
in den weiten Planen, in den kostspieligen Unternehmungen des
Prinzen etwas Beängstigendes, und es bedurfte nur einer leisen
Anmahnung von Seiten ihres Onkels und ihrer Tante, damit sie
dem Geliebten in treuer Besorgniß für sein Wohl alle diese Ver=
besserungen in großem Maßstabe als schädlich widerrieth.

Ueberall auf Widerstand zu stoßen, verstimmte den Prinzen.
Er glaubte mit dieser ländlichen Zurückgezogenheit Henrietten seine
tiefe Liebe zu beweisen, ihre und ihres Kindes Zukunft durch seine
Plane zu sichern; er hatte darauf gerechnet, daß sie dies Alles
einsehen und ihm hülfreich dabei zur Hand gehen würde. Da er
ihr und dem Familienleben eine glänzende Existenz zu opfern im
Begriffe war, sollte sie ihn dafür entschädigen, ihm in dem Fa=
milienleben, welches ihm als Ideal vorschwebte, den Ersatz dafür
bieten; aber dies lag außer dem Bereich ihrer Fähigkeiten. Der
Prinz war in den Fehler aller Männer verfallen, welche eine
kindliche, schwache Frauennatur zur Gattin erwählen, um ein
Wesen zu haben, das in liebender Demuth zu ihrem Beschützer
empor sieht. In diesem Gefühl des Mannes liegt eine Eitelkeit
und eine Schwäche des Charakters, die sich nur zu oft furchtbar
rächen in jenen Stunden des Lebens, in denen der Sturm der
Verhältnisse auch die Kraft des Stärksten erschüttert, so daß er
sich sehnsuchtsvoll nach der Hand einer treuen Gefährtin um=

schaut, deren kraftvolle Liebe ihm Stütze sein, die Last erleichtern
und tragen helfen könnte. Dann leidet der Mann unter dem
Gewicht jenes Irrthums, und die schwache Frau, welche er freiwillig an sich gekettet hat, büßt ihn wie ein eigenes Vergehen.

Dies war auch hier der Fall. Das weiblich zaghafte Wesen
Henriettens machte den Prinzen mißmüthig und er vergaß, daß
er an Henrietten einst kindlichen Liebreiz und rührende Einfalt
genannt, was ihm jetzt eine beklagenswerthe Schwäche und traurige Beschränktheit erschien.

Aber der Vorsatz, sich hier einen segensreichen Wirkungskreis
zu gründen, war doch so mächtig in dem Prinzen gewesen, daß
diese ersten Behinderungen ihn nicht davon zurückzuschrecken vermochten. Im Gegentheil, es fing an ihn zu reizen, daß er keinen
Beistand fand und ganz auf sich allein angewiesen war. Er steigerte seine Thätigkeit, er nahm bedeutende Kapitalien als Dar-
lehn auf, um schnell von allen Seiten sein Werk angreifen zu
können, obschon der Amtsrath vielfach vorstellte, wie gewagt es
sei, Kapitalien in den Landbesitz zu verwenden, zu einer Zeit, in
der an jedem Tage der Ausbruch des Krieges zu erwarten stand.
Hatte der Prinz früher nichts sehnlicher verlangt, nichts mit größerer Sicherheit erhofft als den Krieg, so glaubte er jetzt mit derselben Zuversicht an die Fortdauer des Friedens, weil er sie
wünschte; und auch die Handlungsweise des Königs wurde aus
diesem Gesichtspunkte nun anders von ihm beurtheilt. Offen und
freimüthig wie immer, sprach er sich darüber in den Briefen an
seine Mutter aus. Sie wurden von ihr dem Könige mitgetheilt
und erwarben dem Prinzen die wiederkehrende Gnade desselben
und das Versprechen thätiger Hilfsleistung, falls es ihm mit der
Verbesserung seiner Güter und der Ordnung seiner Verhältnisse
Ernst bleiben sollte.

Einige Monate vergingen auf diese Weise in erwünschter
Ruhe; die neuen Einrichtungen waren getroffen, nun mußte man

dem Begonnenen Zeit zum Gedeihen gönnen. Der Herbst kam
heran, die Getreideernte war vorüber, die Stunden der Muße
wurden zahlreicher für den Prinzen, die Abende länger. Der
Prinz griff wieder zu seiner Lieblingsbeschäftigung, zur Musik, die
er in dem Drange der Arbeit fast vernachläffigt hatte; aber sie
befriedigte ihn in diesem Augenblicke nicht. Die Kunst fordert
ein beruhigtes Gemüth oder leidenschaftliche Erregungen, sie ge-
deiht nicht in der Umgebung praktischer Thätigkeit. Sonst, nach
den wildesten Trinkgelagen, nach den leidenschaftlichsten Stunden
an der Seite einer geliebten Frau, hatte Louis Ferdinand die
vollste Herrschaft über das Reich der Töne ausgeübt. Der Sturm
seines Innern hatte sich gewaltsam der Saiten bemächtigt und
sie sich unterthan gemacht, er hatte die Muse wie ein widerstre-
bendes Weib zu liebendem Nachgeben gezwungen durch die Gewalt seiner Seele, seine Kraft war durch seine Erregung gesteigert worden. Jetzt, nach der praktischen Thätigkeit, fühlte er nicht
Erregung, sondern Abspannung und Ermüdung. Zahlen, Län-
genmaße, Berechnungen schwebten in seinem Gedächtnisse, Thatsachen verdrängten die mystischen Träumereien des Geistes. Er
wäre im Stande gewesen Musik zu genießen, sie zu schaffen vermochte er nicht, und der Schmerz des Künstlers, der zum erstenmal zweifelhaft wird an seiner schöpferischen Kraft, beugte ihn
nieder. Die Muthlosigkeit, welche das Mißlingen des Gewollten
in dem Menschen hervorruft, kam über ihn.

Von diesem Augenblicke an erschien dem Prinzen sein ganzes
Landleben in einem anderen Lichte und das war natürlich, denn
diese Monate voll feuriger Thätigkeit in Schricke waren keine aus
innerem Bedürfniß hervorgegangene Nothwendigkeit, sondern ein
zufälliges Resultat äußerer, zusammenwirkender Ereignisse gewesen. Um nach einem glänzenden, genußvollen Leben in der großen Welt, Glück und Befriedigung zu finden in kleinen beschränkten Verhältnissen, muß man die Schule des Lebens erfolgreich

durchgemacht, die Verſchrobenheit unſerer Zuſtände begriffen, die
falſche Eitelkeit, den falſchen Ehrgeiz überwunden haben, und auf
einer Höhe philoſophiſcher Weltanſchauung ſtehen, von welcher
der Prinz noch ſehr fern war.

Von Ehrgeiz verzehrt, aus tauſend Wunden blutend, hatte
er Berlin verlaſſen. Stille und Einſamkeit des Landlebens hat=
ten ſeine Schmerzen beruhigt; aber die reine Luft in Feld und
Wald vermag nur den Geneſenen zu neuer Kraft zu erheben, nicht
die Krankheit im wildeſten Paroxismus zu heilen.

Eine allmählig wachſende Unruhe in dem Weſen des Prin=
zen hätte dem ſeelenkundigen Beobachter mit Sicherheit die Rück=
kehr des Uebels verkündigt. Mehr und mehr fing er an, die Ver=
waltung, deren er ſich bemächtigt hatte, wieder den Händen des
Amtsrathes zu überantworten; er fing an, die Natur wieder als
Künſtler, als Liebhaber zu betrachten, die poetiſche Seite der
praktiſchen vorzuziehen. Einſame Spazierritte, bei denen ſeine
Seele ſich in Erinnerungen der Vergangenheit, in Träume einer
Zukunft verlor, die weit ab lag von ſeinen landwirthlichen Pla=
nen, verdrängten die perſönliche Beauffſichtigung der Arbeiten, die
er eine Zeit hindurch ganz unerläßlich geglaubt hatte. Dabei
kam er vielfach mit den Landleuten in Berührung, und vor allen
Andern war es der alte Schäfer, dem er gern zu begegnen, den
er ſelbſt aufzuſuchen pflegte.

Eines Tages war der Prinz in aller Frühe ausgeritten.
Nach langer, brennender Dürre hatte in der Nacht ein reichlicher
Regen die Erde getränkt, die Luft abgekühlt. Der Himmel glänzte
in reiner Bläue, als hätte nie ein Wölkchen ſeine Klarheit ge=
trübt, die Sonne durchfunkelte den ganzen Aether. Ein leichter,
friſcher Windhauch bewegte ſich in der Luft und ſchüttelte von
Sträuchern und Bäumen die funkelnden Regentropfen hernieder,
welche der warme Kuß der Sonne noch nicht fortgetrunken hatte.
So trocknet ein Weib die letzten Thränen der Sehnſucht vom

Auge, wenn die Rückkehr des Geliebten ihre Seele entzückt, um selbst die Spur der Trauer zu verscheuchen in der Fülle des gegenwärtigen Glückes.

In scharfer Deutlichkeit zeichneten sich die fernsten Gegenstände an dem reinen Horizonte ab, Alles schwamm in Licht, selbst die Schatten hatten Farbe und Klarheit. Der Prinz fühlte sich freier und leichter als in den Tagen vorher. Tief aufathmend ließ er dem muthigen Pferde den Zügel schießen, und beseelt von der Stimmung seines Reiters, wie von der Frische der Natur, griff das schöne Thier weit aus und flog durch Wiesen und Felder mit ihm dahin, daß der Prinz voll reiner Jugendlust die Gerte jubelnd in die Luft schwang, gleichsam gezwungen, sich durch ein sinnliches Zeichen seines inneren Wohlbefindens bewußt zu werden.

Fast eine Stunde mochte dies lustige Reiten gedauert haben, bei dem Roß und Reiter gleichmäßig das Glück des Daseins, das Glück der Kraftübung genossen. Ein weißer Schaum quoll bereits leicht an der vollen Mähne des Thieres hervor; des Prinzen Wange färbte ein dunkles Roth, und Schutz suchend vor dem wärmer werdenden Strahle der Sonne, die hoch am Himmel hinaufstieg, lenkte er den Braunen einem Tannenwalde zu, der einen kleinen erhöhten Erdstrich krönte.

Ein starker, kräftiger Harzgeruch drang ihm aus dem Nadelholze entgegen. Hoch und schlank hoben sich die braunen Stämme unter den dunkelgrünen Aesten empor. Die hellen Schößlinge der Zweige glitzerten wie vergoldet in ihrer frischen Pracht. Die Käfer summten, sich langsam wiegend, durch die Luft. Kleine Quellen rauschten leise murmelnd zwischen grün bemoosten Steinen am Fuße der uralten Bäume hervor und flossen regengeschwellt zum Thal, als müßten sie der Ebene mittheilen von der neu erworbenen Wasserfülle. Der Schrei des Hehers und das Picken des Spechtes schallten gellend durch die stille Einsamkeit. Hie und da trippelte eine Bachstelze mit zierlicher Eile davon,

wenn der Tritt des Pferdes sie emporschreckte aus ihrer sichern
Ruhe, während alte Dohlen verständig auf den Reiter herab=
schauten, als wüßten sie, daß für sie nichts zu fürchten sei von
einem Menschen, der mit solch heiterem Blick, mit solch liebendem
Genießen in die Natur hinausschaute.

Der Regen hatte die abgefallenen Nadeln, welche den Boden
bedeckten, so glatt gemacht, daß das Pferd vorsichtig und langsam
einherschritt, dem Prinzen zur Lust, der dieses süße, träumerische
Weben der Natur ruhig zu genießen begehrte. So gelangte er
bis fast an den Ausgang des Waldes, wo eine neu gepflanzte
Schonung sich an das Haideland schloß, auf dem die Schafhürde
in diesem Augenblicke aufgeschlagen war.

Der Prinz blickte hinüber und erkannte den alten Klaus.
Er saß auf einem Stein vor dem Karrenhäuschen, hatte die Pfeife
im Munde und richtete Weidenstäbe zum Korbflechten zu. Als
er des Prinzen ansichtig wurde, legte er die Arbeit fort, ihm ent=
gegenzugehen.

Es war Sonntag, die kleine Glocke einer Filialkirche, in wel=
cher der Pastor von Schricke alle vierzehn Tage eine Frühpredigt
halten mußte, tönte durch das Feld.

Wie kommt Er denn in die Hürde, fragte der Prinz den al=
ten Schäfer, und noch obenein am Feiertage?

Eben darum, gnädiger Herr! der Kaspar ist zum Abendmahl,
weil nun nach der Ernte nächste Woche die Kinderlehre wieder
beginnt und sein ältester Junge soll diesmal mit zum Prediger
gehen, da habe ich ihn abgelöst.

Und Er, geht Er nicht zum Nachtmahl?

Der Alte schüttelte ablehnend das graue Haupt und blickte
den Prinzen vorsichtig forschend an.

Höre Er, Klaus, sagte dieser, Er sieht mir aus, als hielte
Er nichts davon; der Pastor meint auch, Er wäre ein schlechter
Kirchgänger und wenn die Bauern von seinen Wunderkuren spre=

chen an Menschen und an Vieh, so zucken sie die Achseln, als
dächten sie, es sei doch wohl nicht ganz richtig mit ihm. Sage
Er einmal ehrlich, wie hält Er es denn mit seinem Glauben?

Klaus rückte bedächtig die Pelzmütze zurecht, stopfte den Ta=
bak tiefer in die Pfeife hinein, betrachtete den Horizont nach allen
Seiten und sagte dann, als habe er des Prinzen Frage gar nicht
gehört, das Wetter ist doch ganz weggezogen! Hätt' kaum ge=
dacht, daß sie es würden so hell haben zum Kirchengehen.

Der Prinz lachte hell auf. Weiß Er Klaus! was ein Diplo=
mat ist?

Nein, gnädiger Herr!

Das ist ein Mensch, der auf die Frage, wohin geht der
Weg? die Antwort giebt: mein Nachbar hat gestern bei sich tau=
fen lassen, und das thut Er, damit ihn keine Verantwortung
trifft, wenn Jenem ein Unheil auf dem Wege begegnet. So
macht Er es auch.

Gnäd'ger Herr! antwortete der Schäfer, halten's zu Gnaden,
aber unser Eins lernt vorsichtig sein. Wie noch der vorige Pa=
stor hier war, der nachher gestorben ist, da ist hier eine schlimme
Zeit gewesen. Der ist herumgegangen und hat gesagt, der König
und seine Minister, die hätten das Frommsein befohlen und mit
dem Sonntag sei es nicht genug, wir müßten auch Donnerstags
zur Kirche und von Rechtswegen alle Tage, weil wir alle Tage
neue Sünden begingen. Und wie er denn einmal zu mir gekom=
men ist, und mir hat wollen Vorhaltungen machen, daß ich nicht
in die Kirche käme, da habe ich gesagt, ich thäte meine Schuldig=
keit gegen Vornehm und Gering, und wo ich helfen könnte, da
sei ich bei der Hand, und es ginge ihn weiter Nichts an, was ich
thäte, wenn der Amtsrath mit mir zufrieden sei.

Und was hat der Pastor dazu gesagt?

Er ist grob geworden und hat geflucht, und ich bin denn
auch nicht fein gewesen. Darauf hat er mich verklagt, und sie

haben mich eingesteckt, und nachher hat der Amtsrath gesagt, wenn ich wollte den Dienst behalten, so müßte ich in die Kirche gehen, und so bin ich gegangen. Es war auch so schlimm nicht; denn hatte ich dort in der kühlen Kirche die Mittagszeit verschlafen, so war ich Nachts um so frischer und das kam denn doch wieder dem Dienst zu Nutzen und dem Herrn Amtsrath.

Der Alte erzählte mit einer Art von ruhigem Humor, da er sah, daß seine Erzählung den Beifall des Hörers hatte; dennoch lag darin Nichts von jener eiteln Ueberhebung eines Menschen, der sich durch seine Einsicht klüger oder besser als seine Umgebung dünkt. Er berichtete einfach die Thatsachen, wie sie ihm begegnet und erschienen waren.

Also hält Er nichts von Gott und von Religion? fragte der Prinz.

Gnäd'ger Herr! sagte Klaus und jeder Anflug von Scherz wich aus seinen Mienen, um dem feierlichsten Ernst Platz zu ma= chen, gnädiger Herr! ich bin siebenzig Jahre alt geworden und habe auf freiem Felde die Nächte allein unter Gottes freiem Him= mel zugebracht. Da habe ich Sonne, Mond und Sterne gesehen untergehen und aufsteigen, und die Kometen kommen bei Kriegs= zeit und Krankheit im Lande; und es ist Frühling und Sommer und Herbst und Winter geworden alle Jahr. Und ich habe gese= hen, wie meine Seelige ihre Kinder geboren hat, und habe Weib und Kinder todt vor mir gesehen auf dem Leichenbrett. Und es ist Krieg gewesen und Frieden geworden und wieder Krieg, und es ist doch Sommer und Winter geworden. — Das muß wohl ein Anderer besorgen, als der König, der Herr Pastor oder unser Eins, die wir uns auch hinlegen und sterben. Das muß Einer besorgen, der nicht stirbt, und dem wird wohl nichts daran gele= gen sein, ob ich mir das denke in der Kirche, wo mir der Küster aus dem Liederbuche den Vers vorsagt, den ich nicht recht verstehe, und wo der Pastor Reden hält, die man auch nicht versteht.

Ihm ist es ganz gleich, wenn ich mir das auch denke unter seinem freien Himmel, wo die Vögel singen und die Sonne scheint; oder Nachts, wenn keiner wacht, als der, der oben die Sterne am Himmel weiden führt. Er thut still, was seines Amtes ist und das sollen wir auch.

Der Alte schwieg, mit ihm der Prinz. Die Glocken des Kirchleins klangen noch immer feierlich durch die Luft und des Prinzen Seele war so mächtig ergriffen, wie nie von den Worten der bedeutendsten Kanzelredner. Das Wesen des Schäfers, die Umgebung machten den lebhaftesten Eindruck auf ihn. Ihm war, als stünde einer der Apostel vor ihm, die Christus von den Heerden und von der Arbeit weggerufen hatte, um auf den Boden ihrer unverdorbenen Naturanschauung seine Lehre von der Göttlichkeit des Menschen und von der allgemeinen Liebe zu pflanzen. Er fühlte Neigung und Zutrauen zu dem Greise, und diese trieben ihn, die Aeußerung zu machen, daß er gesonnen sei, künftig ganz auf seinen Gütern zu leben.

Klaus hatte schon davon gehört. Der Reitknecht, der Johann, hat es mir schon vor Wochen gesagt, meinte er, und der wär's gern zufrieden, denn er ist vom Lande und ist alt; aber der Jäger und vollends der Kammerdiener, der alte Franzos, die wollen nichts davon wissen. Der Dehrdorf ist zu jung dazu, und der Franzos zu vornehm. Der Mamsell Jettchen, der wird's freilich auch schon recht sein, die bliebe gern hier, aber die gehört auch nicht in die Stadt.

Und was meint Er dazu, Klaus?

Ich? Ei nun!

Sprech' Er nur immer dreist, — Er darf es!

Gnädiger Herr! Sie halten's nicht aus.

Der Prinz war überrascht von dem Tone sicherster Ueberzeugung in den Worten des Schäfers, und verlangte die Gründe zu wissen, die ihn zu dieser Ansicht bestimmten. Anfangs wei-

gerte der Alte sich sie auszusprechen, dann sagte er: Gnäd'ger
Herr! ich hab's erlebt an all den Leuten, die der König mitge=
nommen hatte in den Krieg. Kamen die zurück, so war's erst
eine Freude mit dem Frieden und dem ruhigen Leben, und kaum
hatte das ein Paar Monate gedauert, so hatten sie's satt. Erst
hat man genug und Freude an einem Glase Wasser, dann ver=
langt man nach Bier, zuletzt soll's Branntwein sein, und hat
man den erst alle liebe Tage getrunken, so schmeckt das klarste
Wasser nicht mehr. Sie haltens nicht aus, Sie haben dazu keine
Ruhe, gnädiger Herr! Und was wollen Sie hier?

Wie kann Er das fragen? rief der Prinz. Sieht Er nicht,
was ich hier schaffe und thue? Hat Er nicht selbst sich gefreut
über das große Stück Feld, das wir gewinnen hinter dem großen
Bruch? Wird nicht der Torf, den wir jenseits des Baches stechen
lassen, Euch Allen zu Nutze kommen, und werden nicht eine
Menge Menschen, die jetzt im Winter sich ihr Leben mit schwerer
Arbeit kaum zu fristen vermögen, künftig Winter und Sommer
Arbeit finden in der Glashütte, in der Ziegelei und bei den Bau=
ten für die nächsten Jahre?

Schon recht gnädiger Herr! entgegnete Klaus, aber das
könnte ja Alles der Herr Amtsrath besorgen, wenn Sie es ihm
befehlen thäten; aber sie sagen Alle, wir bekommen Krieg, weil
der Bonaparte in's Land rückt, und da meine ich, ob nicht der
gnäd'ge Herr zum König müßten, ihn bitten, daß er Frieden hält
und wenn's nicht geht, dem König helfen, daß er den Bonaparte
schlägt. Gnäd'ger Herr! das kann doch der Amtsrath nicht; aber
hier wirthschaften, wie es ihm befohlen wird, das könnt' er wohl.
— Ich hab's der Mamsell Jettchen schon neulich gesagt, wie die
so glücklich war, daß hier geblieben werden sollte. Ich sagte gleich;
Mamsell Jettchen, das hält er nicht aus, das ist bloß für unser=
einen das Leben hier, und nicht für einen Prinzen. Ein Prinz
hat was anders zu thun, ein Prinz ist kein Amtsrath!

Verwundert blickte Louis Ferdinand den Alten an; er kam ihm unheimlich vor in diesem Augenblicke. Was sich in den letzten Tagen in seiner Seele geregt, was er sich selbst kaum zu gestehen gewagt, das Ungenügen an dem eben erst mit so viel Liebe erwählten Wirkungskreise auf seinen Gütern, das sprach der Schäfer mit der ruhigsten Einfachheit, als etwas ganz Natürliches aus. Klaus, der schlichte Landmann, fühlte, daß ein Prinz sein Leben nur im weiten Kreise zu entwickeln vermöge, daß nur in der Nähe des Thrones sich ihm eine angemessene Wirksamkeit eröffne. Aber eine solche war in Preußen, in dem monarchischen Staate nicht zu finden.

Seit Preußen ein Königreich geworden, und vollends seit Friedrich Wilhelm der Erste es in einen Militairstaat umgeschaffen hatte, war eine militairische Subordination dazu gekommen, die Macht der absoluten Monarchie in der Person des Königs zu verstärken. Nur im Heere fanden die preußischen Prinzen eine Thätigkeit, die natürlich keine freie sein konnte, und nur in den Ausnahmsfällen des Krieges eine Möglichkeit zu selbstständigem Handeln. Ihr Einfluß im Staatsrathe war gering, von der Verwaltung waren sie ausgeschlossen; den Krieg hatte der Prinz als ein Uebel betrachten lernen, das man dem Volke um jeden Preis, den seiner Ehre ausgenommen, ersparen müsse. Wohin also sollte in diesem Staate sich die Natur Louis Ferdinands wenden, die ihrer innersten Anlage nach, auf Thaten, auf freies Handeln angewiesen war?

Zerstreut und schmerzlich erregt trat der Prinz seinen Rückweg an. Es war gegen Mittag, als er die Meierei erreichte. Der Jäger stand an der äußersten Pforte des Parkes, François der Kammerdiener in der Thüre der Meierei, man erwartete offenbar die Wiederkehr des Herrn mit mehr als gewöhnlicher Ungeduld; auch Henriette lehnte am Fenster und spähte nach ihm hinaus.

Der Prinz fühlte sich beunruhigt dadurch in seiner gegenwär=
tigen Stimmung. Er fragte, was vorgefallen sei?

Hoheit! sagte François, es ist vor einer Stunde ein Kourier
arrivirt, der mit einer Depesche von seiner Majestät chargirt ist.
Er wartet auf den Befehl, sich Hoheit zu präsentiren, und trotz
aller Mühe, welche sich der im Dienste ergraute François gab,
seine innere Zufriedenheit zu verbergen, leuchtete sie ihm unver=
kennbar aus den Augen hervor.

Der Prinz schwang sich vom Pferde, ging in sein Zimmer
und befahl, den Kourier eintreten zu lassen, da er die Depesche
sogleich zu empfangen gedenke.

Vierzehntes Kapitel.

———

Während der Prinz in Schricke seinen landwirthschaftlichen Pla=
nen nachging, erfuhren seine Freunde in der Residenz nur wenig
von ihm. Kaum ein= oder zweimal hatte er, außer jenem mit=
getheilten Briefe, an Rahel geschrieben, und der Sommer, der in
großen Städten so traurig ist und so melancholisch macht, übte
auf diese einen doppelt nachtheiligen Einfluß, weil ihr Herz ohne=
dies von Schmerzen bedrückt, ihre Seele leidend war.

Schwermüthig stand sie eines Abends am Fenster in der
Wohnung ihrer Mutter. Das große Gastzimmer war würdig und
stattlich eingerichtet. Möbel von weiß lackirtem Holze mit Gold=
verzierungen und gelbseidnen Damastüberzügen glänzten in äußer=
ster Sauberkeit; ein großer, mit weißem Tischzeug überdeckter
Tisch befand sich in der Mitte des Zimmers. Silberne Armleuch=
ter standen noch unangezündet darauf; eine Mahlzeit, aus Kuchen,
Weißbrod, Butter und Kaffee bestehend, war aufgetragen, denn
in einer Stunde, wenn die Sterne am Himmel erschienen, begann
die Feier des Versöhnungstages, des größten Festes der Juden,
und man sollte in dieser Stunde die letzte Mahlzeit genießen vor
dem Fasten, das an diesem Tage geboten ist.

Es war in den ersten Tagen des September, eine trockene,

8 *

schwüle Wärme ruhte über den staubigen Straßen der Stadt. Rahel fühlte sich davon beängstet. Sie öffnete das Fenster, blickte hinaus, aber kein frischer Luftzug kam, ihre brennende Stirne zu kühlen. Erschöpft trat sie zurück und setzte sich in den Lehnstuhl ans Fenster nieder.

Kein freier Athemzug! murmelte sie vor sich hin, nichts als Leute in der Straße, nichts als Gesichter und Figuren, und niemals Er!

Sie seufzte, schüttelte das Haupt, als könne sie ein Unerklärliches nicht begreifen, und faltete die Hände in machtloser Erschlaffung. So blieb sie sitzen in sich versunken, bis der Eintritt ihrer Mutter sie empor schreckte.

Madame Levin war eine ernste, charakterfeste Frau. In allem Wechsel von Glück und Leid, welchem die Familie unterworfen gewesen war, hatte die Mutter mit kluger Festigkeit nie das Ziel aus den Augen verloren, ihren Kindern durch geistige Ausbildung einen ehrenvollen Lebensweg zu sichern. Was ihr selbst versagt worden war, Kenntnisse und Bildung, das sollten ihre Kinder besitzen. Die tiefste Mutterzärtlichkeit gab ihr die Kraft zu einer fast männlichen Ausdauer und Strenge; und trotz der letzteren beteten ihre Kinder sie an.

Anbeten! das war der Ausdruck für jenes Gefühl, mehr als Lieben. Es war die Anbetung der Juden vor ihrem strengen, allweisen und eifrigen Gotte, nicht die freie Liebe des Christen zu dem Seinen. Das patriarchalische Wesen in dem damaligen Familienleben der Juden machte ein zutraulich annäherndes Verhältniß zwischen Eltern und Kindern fast unmöglich. Selbst Rahel, geistig so frei und unabhängig allen Fremden gegenüber, fühlte sich von dem Willen der Mutter, von der Rücksicht auf die Familie oft gegen ihr besseres Wissen beherrscht. Die Furcht, eine Mutter zu betrüben, welche ihre Kinder mit so vielfachen Opfern erzogen hatte, vereint mit jener scheuen anerzogenen Ehrfurcht, fesselten

Rahel und machten sie unselbstständig, so oft ihr Wille mit der Ansicht ihrer Mutter in Gegensatz gerieth.

Weil es in der Synagoge bei dem Zusammenflusse von Menschen sehr warm sein mußte, hatte Madame Levin einen leichten weißen Oberrock angezogen. Eine weiße Haube, mit vielen breiten Kanten und weißen Bändern verziert, umschloß ihr Gesicht, und ließ nach mosaischem Gesetze das Haar nicht sehen, welches noch zur Vorsicht mit einem breiten, schwarzen Taffetbande zurückgebunden war. Große ächte Perlen hingen von ihren Ohrringen herab, kleinere, mit Brillanten untermischt, waren auf ein schwarzes Sammetband genäht, das ihren Hals umgab.

Als sie in das Zimmer trat, legte sie ihr Gebetbuch, den Sidur, auf den Tisch neben die silbernen Leuchter nieder, zündete die Lichter an, deckte eine rothe mit Goldborten besetzte Damastdecke über das große Weißbrod, ordnete noch Einiges an der Tafel und setzte sich dann zu Rahel in's Fenster, die ihre Hand ergriff und küßte.

Die Mutter ließ es geschehen, streichelte Rahel freundlich und sagte: wenn ich Dich nur erst einmal mit mir am Versöhnungstage in die Synagoge kommen sähe.

Rahel antwortete nicht. Nur verheirathete Frauen nehmen Theil an dem eigentlichen jüdischen Gottesdienste, die Mädchen sind ausgeschlossen davon. So enthielten die Worte der Mutter nichts Anderes als den schon oft ausgesprochenen Wunsch, Rahel verheirathet zu wissen, der stets zu schmerzlichen Erörterungen zwischen Mutter und Tochter geführt hatte, denn bei den Juden, denen die Ehe als Gesetz geboten wird, war die Verheirathung der Kinder, noch mehr als bei den Christen, das Streben aller Familien.

Da Rahel schwieg, fuhr die Mutter nach einer Weile fort: Ich habe das Verhältniß mit dem Grafen ruhig geduldet; Du hast Dir Glück und Freude davon versprochen, die Brüder selbst haben

Dir das Wort geredet, ich habe nie daran geglaubt. Was ist die Folge davon gewesen? Er hat Dich verlassen, Du hast Dich gegrämt, Du verblühst, bist dreißig Jahre alt, fühlst Dich unglücklich und bist krank.

Liebe Mama! sagte Rahel, die todtenbleich geworden war bei der Erinnerung an das Weh, welches ihr Herz zerrissen hatte, Sie wissen wohl, daß ich schon früher krank war; diese Schuld soll dem Unglücklichen wenigstens nicht aufgebürdet werden — er hat ohnedies genug gethan, fügte sie so leise hinzu, daß die Mutter die letzten Worte nicht hören konnte.

Aber Du würdest froh und gesund sein, hättest Du Dich verheirathet! wendete die Mutter ein. Bei all dem Lesen und Schreiben kommt Nichts für Dich heraus; von den Grafen und Prinzen heirathet keiner die Rahel Levin, und ich fange an einzusehen, daß ich eine Thorheit begangen habe mit der Erziehung, die ich Dir geben ließ. Du wärest heute glücklicher, wenn Du den Cousin geheirathet hättest und segnetest die eigenen Kinder zum Versöhnungsfeste, statt daß Du jetzt wie eine Fremde unter uns sitzest und Gott weiß wohin und an wen denkst!

Mama! rief Rahel im Tone eines Menschen, der um Gnade fleht vor seinem unbarmherzigen Richter. Bitte, Klage, Vorwurf zitterten in dem Laute. Dann aber, sich besinnend und gewaltsam zusammennehmend, sprach sie ruhig, während das unterdrückte Weinen in ihren Worten bebte: Liebe Mama! machen Sie mir keinen Vorwurf aus unverschuldetem Unglück; kann ich dafür, daß Gott meine Seele in den Körper einer Jüdin verbannte? Und ist es denn ein Unglück für Sie, daß ich bei Ihnen bleibe, Ihr Alter zu pflegen, da die Schwester sich nun bald verheirathet und uns verläßt? Sie haben nun einmal ein trauriges Kind an mir, aber kein schlechtes, Mama! kein liebloses! Lassen Sie mich ruhig bei Ihnen bleiben, drängen Sie mich nicht zu einer Ehe, von der mein Herz Nichts wüßte —

Aber Rahel! sagte die Mutter streng, Du bist ja nicht glück=
lich; willst Du denn nicht begreifen, daß es immer ärger werden
wird mit der innern Unzufriedenheit, die Dich bedrückt? Ich hätte
Dich zur Ehe zwingen sollen, als Du noch jung warst und ich
die Macht dazu hatte. Jetzt ist es zu spät, jetzt hast Du eigenen
Willen; und zur Strafe, daß ich es nicht verstand, Dir Glück zu
bereiten in der Jugend, willst Du mein Alter durch Gehorsam
nicht beglücken. Der Cousin nähme Dich heute noch gern zur
Frau, Ihr zöget nach Breslau, Du kämest in gute Verhältnisse,
würdest bald all die Thorheit, die Grafen und Prinzen vergessen
und glücklich sein.

Eine Pause entstand. Rahel litt sichtbar, ihre Mutter schien
es nicht zu beachten; sie saß ihr streng und ernst gegenüber, den
großen Brillantring an der Rechten mechanisch an dem Finger
auf und niederziehend. Da hörte man männliche Stimmen in
dem Nebenzimmer; die Söhne kamen zum Imbiß.

Madame Levin stand auf, gab der Tochter die Hand und sagte:
Rahel! es ist der Versöhnungstag, der Vater ist nicht mehr unter
uns, ich selbst bin nicht mehr jung, wer weiß, ob ich das nächste
Jahr erlebe. Versprich mir, daß Du den Cousin heirathen wirst,
Du hast mir manche Sorge gemacht, mache mir die Freude für
meine alten Tage; Deine Mutter bittet Dich darum in dieser
feierlichen Stunde Rahel!

Gott! wenn ich es könnte, Mama! rief Rahel, aber es ist
unmöglich, ich kann es nicht!

Wenn Du es nicht kannst, so muß ich freilich auf dies Glück
verzichten, indessen mein Leben ist nicht so freudenreich gewesen,
daß es mir leicht würde! sagte Madame Levin, sich mit einer ge=
wissen Kälte von der Tochter abwendend und die eintretenden
Söhne begrüßend.

Man ging zur Tafel. Die Söhne hingen die Gebetmäntel
um, der Aelteste sprach den Segen über die Brote, wobei er und

die andern Männer das Haupt mit dem Hute bedeckten; dann ward das gewöhnliche Sabathsgebet gehalten, ehe man sich zur Mahlzeit niedersetzte, an der die Mutter den Mittelplatz des Tisches einnahm.

Eine feierliche Stille herrschte in dem Kreise, obschon keines der Geschwister mehr an den religiösen Gesetzen und Gebräuchen des Judenthums hing, obschon die Einen mit Leichtsinn, die Andern mit der ruhigen Duldung freisinniger Denker auf diesen Ritus blickten. Der Ritus wurde ihnen heilig durch den Glauben ihrer Mutter an seine Nothwendigkeit, das Fest war ihnen ehrwürdig als eine Erinnerungsfeier.

Regelmäßig wiederkehrende Feierlichkeiten sind dem Familienleben, der Familienliebe entschieden förderlich. Sie gleichen den Höhenpunkten einer Landschaft, von denen man die Gegend in ihrem Zusammenhange betrachten, in ihrer Gesammtheit übersehen kann, ohne durch die Mängel geirrt zu werden, die im Einzelnen unschön, doch oft wesentlich zur Verschönerung, zur Vervollständigung des Ganzen beitragen. Manches Leid, manche Härte, unter der Alle oder Einer zu leiden gehabt, hat im Laufe der Zeit eine mildere Lösung gefunden, mancher Streit ist durch versöhnende Liebe ausgeglichen worden. Die Lücken, welche der Tod gerissen und die Gewalt des Lebens gefüllt hat, öffnen sich dabei wieder dem Bewußtsein, und die Liebe erinnert sich der Todten, um sich doppelt reich über die Lebenden zu ergießen.

Diese Wirkung machte sich auch in der Levinschen Familie geltend, bei der mancherlei Störungen, mancherlei Zerwürfnisse nicht ausgeblieben waren. In der Sammlung dieser Stunden erinnerte man sich ihrer nur, um sie liebend zu vergessen.

Das Gesetz befiehlt dem Juden, sich mit den Menschen zu versöhnen, ehe er in die Kirche geht, durch seine Buße die Versöhnung mit Gott zu bewirken. Als nun Madame Levin sich von der Mahlzeit erhob, sagte sie feierlich: Das Jahr ist zu Ende!

laßt uns einander nicht das Weh nachtragen, das wir uns hie
und da bewußt oder unbewußt bereitet haben. Ich verzeihe Allen
von Grund des Herzens, und habe ich Euch Unrecht gethan, so
vergebet auch Ihr Eurer Mutter! Ihre Stimme zitterte, ihre
Augen waren voll Thränen, als sie ihre Kinder der Reihe nach
umarmte und segnete, wobei trotz aller Liebe ein erhabener Ernst,
eine gewisse Strenge die Oberhand behielten. Jedes der Kinder
küßte ihr die Hand; wie eine Königin nahm sie die demüthige
Huldigung hin.

Als sie dann ihr Entredeur angelegt, die Halbhandschuhe auf=
gezogen hatte und sich anschickte, das Zimmer zu verlassen, um
sich nach der Synagoge zu begeben, da warf sich Rahel an die
Brust ihrer Mutter und bat: Vergeben Sie mir Mama, sagen
Sie mir, daß Sie mich lieben, obschon ich so unglücklich bin, Ihnen
nicht gehorchen zu können.

Der schmerzliche Ton ihrer Stimme schlug an das Mutter=
herz, Madame Levin umarmte die Tochter, küßte sie auf die
Stirne und sagte im Hinausgehen: Du wirst Dich besinnen und
mir die Freude machen, so Gott will! darauf rechne ich Rahel!

Die Söhne begleiteten die Mutter zur Kirche, die jüngere
Schwester verließ das Zimmer, Rahel blieb allein.

Schon tauchten die Sterne am Himmel auf, das Fest be=
gann. Die Wachskerzen brannten ruhig fort und beleuchteten die
zerstörte Ordnung der Tafel. Die gebrauchten Geräthschaften,
die Reste der Speisen, die umherstehenden, von dem Tische zu=
rückgeschobenen Stühle, machten einen unangenehmen Eindruck.
Ein Zimmer, das so eben von einer Tischgesellschaft verlassen
ward, hat immer etwas Unbehagliches. Rahel empfand dies,
fühlte sich davon belästigt und vermochte dennoch nicht, sich zu
entfernen oder eine Abhilfe zu befehlen. Ihre Seele litt so sehr,
daß sie das körperliche Mißgefühl zwar bemerkte, aber nicht so
hoch anschlug, als in jeder andern Stimmung. Sie setzte sich

wieder in den Lehnstuhl am Fenster, und jetzt in der Einsamkeit entlud sich ihr verwundetes Herz in einen Strom heißer Thränen.

So fand sie Dorothea Schlegel, welche sie zu besuchen kam. Was fehlt Dir, Rahel? rief sie besorgt, als sie in dem Antlitz der Freundin die Spur ihrer Thränen erblickte, was ist geschehen, liebe Rahel?

Was geschehen ist? wiederholte diese — ein Fluch ist ausgesprochen worden über dem Volke der Juden und ich sterbe daran; das ist Alles.

Aber warum beängstet Dich heute so schwer, was Du in Dir längst überwunden hast, da Du Christin bist nach Deinem Glauben? Bekenne ihn öffentlich wie ich, blicke mit uns Allen zum Kreuze, an dem der Heiland starb für Alle, und Du wirst den Frieden finden, wie ich.

Rahel sah sie scharf an, mit jenem durchdringenden Blicke des Prüfens, der ihr so eigenthümlich war, trocknete plötzlich ihre Thränen und sagte sehr ernst: Wenn die Auguren allein beisammen sind, pflegen sie ehrlich zu sein; warum lügst Du Dorothea vor mir, die nicht an Deine Lügen glaubt?

Ich spreche die Wahrheit, entgegnete Dorothea, Du selbst weißt, wie sehr ich litt, als ich noch Jüdin war, welche Kämpfe ich in mir fühlte, welchen Zwiespalt; und wie ist das geschwunden, seit ich mich öffentlich als Christin bekannte, seit ich Schlegels Gattin geworden bin.

Das ist's! rief Rahel, das allein! Das Glück ist Erlösung! Dein Kampf, Dein Leid im Judenthume war die Ehe mit Veit, Dein Erlöser, Dein Heiland, der Dich durch Liebe erlösete, heißt nicht Jesus Christus, sondern Friedrich Schlegel.

Rahel, Du frevelst! Du sündigst gegen den heiligen Geist des Christenthums.

Nein, entgegnete Rahel fest, ich allein von Euch Allen bekenne ihn in Wahrheit. Die Gottheit offenbart sich uns im Menschen, das ist das Geheimniß der Göttlichkeit in Christus, wie es sich mir enthüllt hat in der Begeisterung der höchsten Liebe, deren mein Herz fähig ist; und die Anbetung dieser Gottheitserschei= nung, das Aufgehen in ihr, das ist die christliche Liebe und der heilige Geist, in denen die Seele Trost und Beruhigung findet. Gieb mir den Mann, den ich liebe, gieb mir ein Kind, an dem mein Herz hängt mit der angstvollen Seligkeit der Mutterliebe, gieb mir nur eine Stunde reinen Glücksgefühls, und ich werde alle die Beruhigung in mir finden, all' den Frieden, dessen ich bedarf für ein ganzes Leben.

Aber Rahel! das Christenthum ist die Lehre von der Entsa= gung; Christus erntete nicht Glück, nicht Dank, er starb am Kreuze, uns das Beispiel dieser Entsagung zu geben, wendete Dorothea begütigend der heftig erregten Freundin ein.

Wie Ihr äußeres, durch Umstände bedingtes Schicksal und innere Nothwendigkeit verwechselt, rief Rahel aus, das ist uner= klärlich in Euch, die Ihr geistreich seid, bis Ihr Euren Geist ge= fangen gebt in den dichten, schwarzen Netzen des Glaubens. So wenig als ich mit meinem brennenden Glücksbedürfniß, mit mei= nem Wunsche, unterzutauchen in den Verband menschlicher All= gemeinheit, freiwillig das traurige Sonderdasein der Jüdin lebe, so wenig wollte Christus sterben für seinen Glauben. Wie ich angstvoll frage in den Stunden der Verzweiflung: warum muß ich wünschen, was ich nicht erreichen kann? warum muß ich als Jüdin tausend Hindernisse, tausend Beschränkungen und Leiden erdulden? wie ich die Hände zusammenschlage und Gott anflehe: mache mich glücklich, ich möchte nicht mehr leiden! — so hat Christus gebetet: ist es möglich, so nimm diesen Kelch von mir weil er leben, wirken, glücklich sein, aber nicht leiden und sterben wollte.

Sie hielt einen Augenblick inne, dann sagte sie, als ob sie den Schlußsatz einer langen Gedankenreihe aussprüche: Das ist der

Fluch des Judenthums, des Denkers überhaupt in unserer Zeit; wer Einsicht erwirbt über diese Zeit hinaus, in die freie Region einer dogmen= und parteilosen, menschlich in sich vollendeten Menschheit, der wird an das Kreuz des Todes oder des Leidens geschlagen. Ja! auch ich bete zu Christus, nicht weil er starb, dazu ward er gezwungen; ich bete zu ihm, er ist mein Vorbild, weil er mit einer Liebeskraft, stark genug die Welt zu umfassen, sich ruhig in die irdische Nothwendigkeit des Todes ergab, und schön zu sterben wußte in diesem Glauben an eine höhere Nothwendig= keit, der wir geopfert werden. Das möchte ich können!

Und warum kannst Du es nicht? —

Weil der Egoismus noch nicht todt ist in mir, weil ich noch immer frage, warum kann ich nicht glücklich sein? weil ich noch nicht den Glauben habe an diese innere Nothwendigkeit der Welt= ordnung, der man sich ergeben unterwirft.

Also fühlst Du doch, daß der Glaube eine Gnade ist? fragte Dorothea, die wie alle Neubekehrten festhielt an dem Rettungs= boote, das sie hinübergetragen hatte von einer Lehre zu der andern.

Eine Gnade? nein! — Der Glaube ist Verständniß und Wissen! entgegnete Rahel. Mache mich klug, wie Dein Vater Moses Mendelson es war, enthülle mir die Geheimnisse der Na= tur, gieb mir Einsicht, und ich werde glauben aus Ueberzeugung, aus Wissen, unumstößlich glauben und beruhigt sein auch ohne Glück. Ohne dies Wissen vermag ich nicht zu glauben; ohne den Glauben an das große Ganze fordert der Einzelne Glück; aber das Wissen, die Erkenntniß des großen Ganzen, die lehren Ent= sagung für den Einzelnen. So bin ich unglücklich, weil ich un= wissend bin! schloß sie, plötzlich bei den letzten Worten zu einer Art von Heiterkeit übergehend, wie dies oft bei ihr mitten in den schmerzlichsten Erregungen der Fall war.

Dorothea, obgleich von jeher an Rahels Weise gewöhnt, sah sie dennoch mit Befremdung an und schwieg eine Weile, dann sagte sie: Du bist das sonderbarste Geschöpf, das ich kenne, Rahel! Alle Strahlen des Geistes, alle Spiegelungen von Welt und Natur sammeln sich in Dir in einem Brennpunkte, in der Liebe zu dem Manne Deines Herzens. Wir Andere lieben Gott, den Heiland, wir lieben den Geliebten, Du aber —

Kind! rief Rahel, das ist ja eben mein Christenthum, diese Eine Liebe! ich habe kein Talent zur Vielgötterei.

Die Dreieinigkeit ist nicht Vielgötterei! wendete Dorothea ein.

Ach! von der Dreieinigkeit spreche ich nicht, mit der ist's ja nicht abgethan bei Euch Allen! meinte Rahel. Gott ist die Liebe, sagt das Christenthum, und wer in der Liebe ist, ist in ihm! alle Liebe konzentrirt sich in der Einen, das ist die Allmacht der Liebe. Ihr aber nehmt sie, weil Euch diese allmächtige Liebe beängstigt durch ihre Größe, auseinander; ihr zertheilt den Gott in Götter. Ihr habt die Liebe für Gott, für Christus, für Eltern, Kinder, Freunde, für den geliebten Mann, und diese, weil Euch auch die noch zu mächtig ist, zertheilt ihr in geistige und sinnliche, in physische und platonische Liebe; was wißt Ihr davon!

Rahel! Du thust mir Unrecht und uns! sagte Dorothea, als in diesem Augenblicke Schlegel und Graf Tilly gemeldet wurden.

Das Mädchen räumte die Stühle, die Tischgeräthschaften fort, nur die Tafel selbst mit den Armleuchtern, der rothen Damastdecke und dem aufgeschlagenen Gebetbuche, dessen hebräische Lettern sich dem Auge wie kabbalistische Zeichen darstellten, blieben zurück. Rahel und Dorothea gingen den Männern bis in die Mitte des Zimmers entgegen, so daß sie in der Nähe des Tisches standen, als die Gemeldeten erschienen.

Tilly kam von einem Mittagessen bei dem russischen Gesandten, er war lebhaft angeregt und dadurch noch schöner als gewöhnlich. In jener Zeit hatte die Mode aus der Kleidung der Männer noch nicht die farbigen Stoffe verbannt und war überhaupt nicht so tyrannisch als jetzt, da die altfranzösische Tracht

und der Puder nicht ganz abgeschafft, die Kleidung der neueren
Franzosen nicht allgemein angenommen war. Dies machte es dem
Einzelnen möglich, diejenige Art zu wählen, welche seinem Aeußern
die angemessenste war, und der schöne Tilly wußte dies zu seinem
Vortheile zu benutzen. Von der Kleidung der jungen Republikaner konnte für ihn die Rede nicht sein. Er verabscheute sie, wie
Alles was nur an die Republik erinnerte, und hing so fest an
der vertriebenen Königsfamilie seines Vaterlandes, daß er schon
um deßwillen die Tracht beibehalten haben würde, welche zu Ver-
sailles üblich gewesen war. So erschien er auch heute in derselben.

Er war sechs und dreißig Jahre alt und seine schlanke Gestalt
hatte die ganze Biegsamkeit der Jugend behalten. Sein ovales,
etwas bleiches Gesicht, die leuchtenden schwarzen Augen unter
schön geschnittenen Brauen, der kräftig gebildete lächelnde Mund,
gewannen an Lebhaftigkeit durch die Art, in der Tilly sein Haar
von Stirne und Schläfe zurückgekämmt trug, das leicht gepudert
den Hinterkopf bedeckte. Ein blaßgraues Beinkleid, blaßgrau sei-
dene Strümpfe, ein breitschoßiger Rock von gleicher Farbe, hell-
gelb gefüttert und mit brillantirten Stahlknöpfen geziert, machten,
nebst einer gleichfalls hellgelben, reich in Seide gestickten Weste,
die Hauptbestandtheile seiner eben so einfachen als schönen Kleidung. Ein Halstuch von leichtem, vielfach gefaltetem Battist, an
den Enden wie das Jabot mit brüsseler Spitzen besetzt und mit
künstlicher Nachlässigkeit um den kräftigen Nacken geschlungen, hob
die schöne Form des Kinnes hervor. Die ganze leichte und doch
sichere Haltung des Grafen trug das Gepräge eines Menschen,
der in festem Bewußtsein seiner Vorzüge sein Aeußeres nicht zu
beachten pflegt, weil er der günstigen Wirkung desselben auf Andere gewiß geworden ist.

Schlegel, obgleich auch von feiner Gestalt und edler Gesichts-
bildung, verlor neben ihm um so mehr als sein unfrisirtes Haar,
die Halbstiefel, und der Frack mit kurzer Taille, wie ihn die In-

croyabels in Paris zur Zeit des Konsulats in Mode gebracht hatten, unschön neben Tilly's Kleidung erschien. Die hohe dicke Halsbinde, der steife Halskragen, die kurze Weste, unter der die Uhrkette mit vielen Berloques geschmückt hervor sah, hatten einen Anstrich von gesuchter Uebertreibung, und auch die Verschiedenheit im Auftreten beider Männer fiel zu Tilly's Gunsten aus, obschon er fast zehn Jahre älter sein mochte als Schlegel.

Als dieser den Tisch mitten im Zimmer und daneben die beiden weißgekleideten Frauen erblickte, blieb er stehen und sagte: Sehen Sie Graf, welch' reizendes Bild! Es ist mystisch und lockend, wie jedes Mysterium! Ich bitte, betrachten Sie es doch! wiederholte er, als Tilly lebhaft an die Frauen herantrat und zum Willkomm ihre Hände küßte.

Ich ziehe den Genuß der Betrachtung vor! antwortete dieser und bin so eilig, mich von allen meinen Neuigkeiten zu entladen, daß ich mir zu nichts Anderem Zeit gönnen darf.

Lassen Sie mich nur vorher erfahren, bat Schlegel, was diese Feierlichkeit hier bedeutet? So oft ich jene hebräischen Lettern vor mir sehe, umweht mich der geheimnißvolle Zauber, der aus den Pyramiden Egyptens zu uns spricht. Ein Strahl der fernen Vorzeit leuchtet zu uns herüber und ich erfreue mich an der wunderbaren Erhaltung des Judenthums in seiner starren Vereinzelung —

Wie sich der Knabe leichtsinnig erfreut an dem zuckenden Flattern des Schmetterlings, den er als Seltenheit für seine Sammlung auf eine Nadel spießt, fiel ihm Rahel in das Wort. Was kümmert es auch den Raritätensammler, ob das Thier dabei leidet?

Um Gotteswillen! bat Dorothea, lieber Friedrich, komme nicht auf dies Thema zurück, über das Rahel und ich schon heute lebhaft gestritten haben; laß uns lieber die Neuigkeiten des Grafen erfahren, die meine Wißbegierde reizen.

Ich komme Rahel zu dem Bunde der nordischen Mächte auffordern, die Welt bedarf ihres Beistandes, sagte Graf Tilly.

Die Frauen lachten, aber Tilly versicherte, es sei ihm Ernst damit. Ich habe es mit Gentz besprochen, erklärte er, Sie allein liebe Rahel, vermögen uns den Prinzen Louis herzuschaffen, dessen wir bedürfen, während er in Schricke sehr zur Unzeit den arkadischen Schäfer spielt.

Sie wissen, er ist in Ungnade, er darf nicht wagen, ohne Erlaubniß nach Berlin zu kommen, und ich begreife nicht, weshalb Sie ihm die Ruhe in Schricke mißgönnen, entgegnete Rahel.

Weil wir seinen Einfluß auf die Königin brauchen, liebe Freundin! Der Prinz darf nicht vergessen, daß der Krieg für Preußen unvermeidlich ist, und er scheint es zu vergessen in seinem Liebesidyll. Er war es, der die Stimme der Ehre wach erhielt am Hofe; seit er fort ist, wird die Friedenspartei immer mächtiger. Statt den Krieg zu erklären, veranstaltet der König ein großes Manöver bei Magdeburg, und die republikanischen Generale, die man mit Kartätschenkugeln zurückweisen sollte, werden als willkommene Gäste zu dem harmlosen, unzeitigen Spiele geladen. Briefe des Grafen von der Provence sind von Warschau eingetroffen; es befindet sich einer darunter, der an den Prinzen persönlich gerichtet ist und den ich ihm zu übergeben habe. Ich würde sogleich zu ihm eilen, aber meine Anwesenheit in Schricke ist unnütz, während die Gegenwart des Prinzen hier unerläßlich wird. Schaffen Sie den Prinzen her!

Wie vermag ich das, da er sich dort gefesselt fühlt?

Sagen Sie ihm, daß Sie es wünschen, Freundin! Ich denke, Das können Sie, ohne eine Unwahrheit zu sprechen, meinte Tilly lächelnd. Da Rahel schnell erröthend es zu überlegen versprach, ließ Jener das Gespräch sogleich fallen, wendete sich der Betrachtung des hebräischen Gebetbuches zu, und summte, wie in halber Zerstreutheit, sich vor- und rückwärts wiegend, wobei er die Daumen in die Armlöcher seiner Weste steckte, das damals beliebte

Volkslied vor sich hin, das mit den Worten begann: Cueillions la
rose sans la laisser faner, elle est éclose, pour nous charmer!

Aber Dorothéa Schlegel unterbrach ihn mit der Frage, ob das
all die versprochenen Neuigkeiten wären, die er mitgebracht habe?

Nein! sagte er, denn ich bringe die Nachricht, daß Gentz gleich
hier sein wird, der einen langen Brief von Vetter erhalten hat.
Er will den Inhalt selbst mittheilen und will, wie ich, Rahel
bitten, den Prinzen zur Rückkehr nach Berlin zu bewegen, da man
diese von Seiten Englands ebenfalls wünscht. Gentz hat Briefe
aus London bekommen, die ihn auffordern Alles dafür zu thun,
daß die Friedensstimmung in Preußen nicht allzu mächtig werde.

Wie Gentz nur zu diesen Verbindungen, zu diesem Einflusse
kommt! meinte Schlegel. Er ist doch eigentlich kein Genie, keine
schöpferische Natur!

Im höchsten Grade genial und schöpferisch! unterbrach ihn
Tilly. Er schafft nicht Gedichte, nicht Kunstprodukte, aber Thaten, aber Ereignisse. Er erzeugt Verhältnisse, wie er sie bedarf,
um seine Person geltend zu machen, und während Andere ängst-
lich streben, sich den äußeren Umständen anzupassen, paßt er die
Zustände seiner Persönlichkeit an, in einer Weise, daß er den
meisten Vortheil genießt von dem Guten, welches er für das Allgemeine thut. Er ist klug, denn er weiß die Menschen zu brauchen,
und er handelt oft weise, weil er sie meist zu guten Zwecken gebraucht.

Ist die Aufreizung zum Kriege etwas Gutes, weil Sie den
Krieg wünschen, Graf? fragte Dorothea.

Und glauben Sie, daß von den überlebten, entarteten Bour-
bons ein Heil kommen könne für das neugeborene Frankreich, indem die Rückkehr zu dem ursprünglichen Naturgesetze allgemeiner
Gleichheit eine neue Aera der Tugend, der Freiheit, der ritterlichen Ehrenhaftigkeit erzeugt hat, von denen die in Etikette ver-
lorenen Fürsten keine Vorstellung haben? fügte Schlegel hinzu.

Bah! meinte Tilly, Sie fassen die Sache zu romantisch, zu

idealiſtiſch auf. Wer kämpft denn in Frankreich für eine Idee?
Wie iſt denn Gleichheit möglich zwiſchen dem Pöbel und der
Ariſtokratie? zwiſchen mir und meinem Diener? Das Volk hat
darin ſeine ihm zuſtehende Gleichheit, daß Jeder der Lenkung,
des Beherrſchtwerdens bedarf, während er den Beruf des Herr=
ſchens zu fühlen wähnt. Nachdem die Franzoſen in dieſem krampf=
haften Schwindel ihr edles, angeſtammtes Königspaar gemordet
haben, kann die Dynaſtie, welcher Frankreich als rechtmäßiges
Erbe gehört, nichts Gnädigeres für das Volk thun, als daß ſie
ihren gerechten Zorn vergeſſend, die Herrſchaft wieder antritt —
ſei es auch auf gewaltſamem Wege — um zu verhindern, daß ſich
die Freiheitshelden und ihr Diktator nicht unter einander todt
ſchlagen. Man muß ſie gleich unverſtändigen Kindern zu den
Mitteln zwingen, die allein ihr Leben erhalten, denn die Maſſe
des Volkes beſtand aus Unverſtändigen zu allen Zeiten.

Außer damals, Graf, als ſich das Volk im Gefühl unſelbſt=
ſtändiger Schwäche einen ſtarken Führer, einen König wählte,
fiel ihm Rahel lächelnd in das Wort, und die Genoſſen dieſes
ſtarken Führers für eine bevorzugte Kaſte erkannte. Nicht wahr,
Graf! damals war das Volk verſtändig! Und es ſollte nun un=
verſtändig ſein, weil es empfindet, daß es des Führers entrathen
kann? Wer einſt lahm war und gehen lernt, iſt nicht thöricht,
wenn er die Krücke von ſich wirft; er braucht ſie nicht gerade zu
verbrennen, aber weit von ſich legen ſoll er ſie, damit ſie ihm nicht
in den Weg kommt und er nicht einmal gelegentlich darüber ſtolpert.

Rahel, was würden Sie dem Prinzen ſagen, wenn man in
Preußen die Republik erklärte und die Prinzen verbannte?

Ich würde dem Prinzen ſagen: Bleiben Sie und dienen
Sie dem Vaterlande als Feldherr, wenn es Ihrer Dienſte als
Prinz nicht mehr bedarf. Und er würde nicht kleiner, nicht un=
edler ſein als der Held von Jemappe, als der Herzog von Chartres!

Kennen Sie den Roſt ſo wenig, welcher den blankſten Stahl

zerstört, liebe Rahel? Die Macht der Erziehung und der Ge=
wohnheit? wendete Tilly ein. Es gehören Titanenkräfte dazu,
diesen Einflüssen zu trotzen, Kräfte, welche sich am schwersten in
der linden, weichen Luft des Hofes entwickeln. Kennten Sie die
Prinzen und die Hofluft wie ich, Sie würden sie lieben wie ich,
aber nicht um ihrer Stärke willen.

Bei diesen letzten Worten war Gentz eingetreten und die
Unterhaltung fing an noch einmal den Kreis zu durchlaufen, den
sie seit der Ankunft der Männer zurückgelegt hatte. Auch Gentz
verlangte Rahels Verwendung, um die Rückkehr des Prinzen zu
bewerkstelligen, und sagte, zu ihr gewendet, leise: Sie sehen, wie
wenig ich mein eigenes Interesse beobachte, da ich den Prinzen
überreden möchte nach Berlin zu kommen.

Im Gegentheil! rief Rahel, ich bekomme dadurch einen Be=
griff, welche Rolle Ihre Liebe neben Ihrem Ehrgeize spielt; ich
gewinne die Vorstellung, wie die Liebe selbst Ihnen nur ein Mit=
tel zum Zwecke ist.

Und was sollte die Liebe sonst sein? fragte Gentz so laut, daß
die Anderen es hören konnten. Der Zweck des Lebens ist das
höchste Wohlbefinden; erringe ich dieses Ziel auf dem Wege des
Ehrgeizes und führt mich der Beistand der Liebe dahin, so muß
ich sie benutzen, wie ich die Liebe von mir weisen muß, sobald sie
mich hindert, das Ziel zu erreichen. Das allein ist vernünftig,
und weil es vernünftig ist, edel und schön.

Aber bei dieser Theorie kann man erstarren vor Kälte, ehe
man das Ziel erreicht! rief Dorothea.

Liebe Freundin! antwortete Gentz, es ist Jeder lange kalt
geworden, ehe er an sein Ziel gelangt. Oder glauben Sie zum
Beispiel, Vetter sei heute noch so warm als an dem Tage, an
dem er sich einschiffte zu seiner romantischen Liebesfahrt, um sein
goldenes Vließ, Paulinens Herz, zu bewahren und zu retten?

Die Frage lenkte die Theilnahme der Frauen auf Pauline,

9 *

auf Vetter und Wiesel, und man verlangte, Gentz solle erzählen, welche Nachrichten er erhalten habe.

Nachrichten, wie sie zu erwarten standen, antwortete er. Wiesel hat Pauline in Paris in die große Welt geführt, wo sie das höchste Aufsehen erregte durch Schönheit und Geist, und bald begreifen lernte, welch eine Macht sie in sich besitze. Wie natürlich war Wiesel voll von Planen, die ihm Reichthum und Ansehen erwerben sollen. Er dachte an großartige Lieferungen, an Finanzoperationen, an Kolonisirungen, wußte für Alles Mittel und Wege anzugeben und brauchte dazu den Beistand einflußreicher Männer, den er durch Paulinens Herrschaft über dieselben zu gewinnen trachtete. Pauline versprach Alles, wollte Alles leisten, so lange sie an Wiesels Liebe glaubte und ihn liebte; seit aber Wiesel sie nicht mehr mit der Gluth der Flitterwochen behandelte, ist auch sie kälter geworden. Wiesel hat ihr Vorwürfe gemacht, wenn sie sich weigerte, ihren Einfluß auf die Machthabenden zu seinen Zwecken zu benutzen, und hat ihr Vorwürfe gemacht, wenn die einflußreichen Männer, welche sie begünstigen sollte, ihr mehr gefielen, sie lebhafter beschäftigten, als er es für nöthig hielt. Die Ehe, obschon sie kaum ein halbes Jahr besteht, ist bereits die unglücklichste der Welt.

Und Vetter? der arme Vetter? wie geht es ihm? fragte Rahel.

Er leidet, wenn Pauline sich ihrem Manne zuwendet, er leidet, wenn sie in tausend flüchtigen Verbindungen die Kraft ihrer Seele erschöpft und nach immer neuen Enttäuschungen in immer schmerzlichere Zerrissenheit und Muthlosigkeit versinkt. Er wünscht ihr eine große, wahre Leidenschaft als Rettungsanker in dem Element der Entsittlichung, das ihr droht; und zittert bei dem Gedanken, jene Leidenschaft könne für einen Anderen erwachen als für ihn. Er versichert, diese Qualen nicht ertragen zu können, und sagt, daß es ihm unmöglich sei, die Unglückliche, seine angebetete Pauline, zu verlassen. Er beneidet den Prinzen um sein

stilles Dasein in Schricke, und schwört, es sei ihm dennoch das
Leben in Paulinens Nähe solch dringendes Bedürfniß, daß er
bleiben müsse. Wüßte er sie glücklich durch Liebe, so würde er
sich von ihr trennen, denn die Qualen des Irion seien gering ge=
gen Das, was er erdulde! schloß Gentz mit spöttischem Lächeln.

Wie können Sie darüber lachen? fragte Dorothea.

Ich lache, wie es Jeder thäte, der sich so billigen Kaufes als
Prophet erblickt. Als Vetter von mir Abschied nahm, rief ich ihm
des Karlos Wort gegen Klavigo zu: Da geht wieder Einer hin,
der einen dummen Streich macht! aber Rahel und der Prinz fan=
den es erhaben. Ich glaubte nicht an die guten Folgen der erha=
benen Thorheit, und ich sehe, daß ich recht gehabt habe.

Nennen Sie es Thorheit, wenn man für seinen Glauben, für
seine Liebe stirbt? fragte Dorothea.

Ja! ohne alle Frage! Wenn man die Möglichkeit hat dafür
zu leben, antwortete Gentz, und Tilly fügte hinzu: So lassen Sie
uns also ein Wenig das Leben bedenken. Sie, liebe Rahel!
schaffen uns den Prinzen her; Sie helfen dadurch mit Ihren schö=
nen Händen die Karten mischen zu dem großen Spiele, und wir
küssen dankbar diese schönen Hände, da man uns — die Lippen
nicht gönnt. Auf diese Weise fördern wir das Wohl Europa's
und die eigene Zufriedenheit; das ist Alles, was man in der Welt
vermag.

Dann, während die Frauen über Pauline und Vetter spra=
chen und Schlegel das hebräische Gebetbuch betrachtete, dem die
Mendelsonsche Uebersetzung beigefügt war, sagte Tilly zu Gentz:
Sehen Sie die Ruhe Schlegels; sitzt er nicht da, unbekümmert
um Dorothea, als wüßte er gar nicht, daß sie einen hübschen
Theil der Lucinde geschrieben und ihren Mann um Schlegels wil=
len verlassen hat? Die Ehe bringt den Frieden über diese deutschen
Männer; und dieser Frieden ist eben so wunderbar als komisch.

Fünfzehntes Kapitel.

———

Die Depesche, welche der Kourier an jenem Morgen dem Prinzen Louis Ferdinand überreichte, hatte die Aufforderung des Königs enthalten, der Prinz möge bei dem bevorstehenden Manöver in der Gegend von Magdeburg die Sorge für die französischen Heerführer auf sich nehmen, welche man eingeladen hatte, den Uebungen beizuwohnen.

Diese Nachricht mußte dem Prinzen in doppelter Rücksicht willkommen sein. Einmal bewies sie, daß der König sich mit ihm als ausgesöhnt betrachtete, was um so erwünschter war, je drohender die Lage des Vaterlandes wurde, anderseits machte sie für den Augenblick allen Ueberlegungen Louis Ferdinands ein Ende, da sie ihn zwang, wenigstens für einige Zeit seiner zurückgezogenen Lebensweise zu entsagen, wozu er, so sehr er es sich zu verbergen strebte, die lebhafteste Neigung empfand.

Die Manöver sollten in den ersten Tagen des September beginnen und schon eine Woche vorher war das Eintreffen der französischen Heerführer angesagt, welche einstweilen in Schricke die Gäste des Prinzen werden sollten, da das Lager der Truppen sich bis an die Grenze seiner Besitzungen erstreckte.

Mit schlecht verhehlter Zufriedenheit erfuhr Monsieur François,

mit Betrübniß Henriette, daß der Prinz nun in das Schloß zie=
hen und seine Wohnung in der Meierei verlassen werde. Hen=
riettens häusliches Glück hatte dadurch ein Ende.

Schon am nächsten Tage wurden die Zimmer im Schlosse
für den Prinzen eingerichtet und zum Empfange der Gäste geöff=
net. Monsieur François besorgte die Uebersiedlung mit einem
Eifer, mit einer so ängstlichen Hast, als fürchte er, jeden Augen=
blick könne ein Gegenbefehl seine Hoffnungen zerstören. Henriette
ging traurig durch das kleine Haus. Bei jeder Chatoulle, bei
jedem Koffer, den François einem Diener zum Forttragen über=
gab, drängten sich ihr die Thränen in die Augen. Der Prinz
war ausgeritten mit seinen von Magdeburg angelangten Adjutan=
ten, das Terrain des Lagers zu besehen, das man abzustecken be=
gonnen hatte. Erst spät am Abende kehrte er heim und sprach in
der Meierei vor, um Henriette zu sehen.

Wie immer war der Tisch für zwei Personen gedeckt, wie
immer erwartete ihn Henriette; indessen das frohe Lächeln war
von ihren Lippen verschwunden. Der Prinz bemerkte es und
fragte um die Ursache; aber lebhaft angeregt durch die Aussicht
auf das Manöver, voll von dem Gedanken, wie man die Truppen
anhalten müsse, Ausgezeichnetes zu leisten, um vor den Fremden,
dem Rufe des preußischen Heeres genug zu thun, beachtete der
Prinz die Klagen seiner Geliebten nur in so fern, als er sich
durch sie verstimmt und gehindert fühlte.

Er warf ihr vor, daß sie egoistisch in der Liebe sei, daß sie
kein Herz habe für das höhere Interesse ihres Geliebten, daß sie
niemals zu begreifen vermöge, welche Empfindungen die Brust
eines Mannes, eines Prinzen, bewegten; und heftig gemacht durch
ihre hervorstürzenden Thränen, rief er: Du hast nur Ein Unglück
gehabt, das Unglück, den Kammerrath nicht zu heirathen. Ein
alter Mann, der wandellos im Schlafrock an Deiner Seite ge=
sessen und die ganze Welt in Deiner beschränkten Häuslichkeit

gefunden hätte, wäre Dir ein größeres Glück gewesen als meine Liebe, der ich nicht die Welt vergessen kann über die Küsse und Thränen eines Weibes.

Unmuthig verließ er sie, warf die Thüre zu und schwang sich auf das Pferd. Die Erinnerung an diese Scene bedrückte ihn; er ritt schnell, um seine Heftigkeit austoben zu lassen. Zum erstenmale war ihm Henriette lästig, zum erstenmale wünschte er, ihr lieber nie begegnet zu sein. Sein Landleben an ihrer Seite erschien ihm wie eine Thorheit, welche ihn in den Augen des Hofes und seiner Freunde lächerlich machen müsse, und das um so mehr, als Henriette keine jener glänzenden Eigenschaften besaß, die seine Liebe für sie nach den Begriffen der Welt rechtfertigen konnten. Es mußte Allen unbegreiflich scheinen, daß Prinz Louis Ferdinand einer Henriette Fromm zu Liebe, sich vom Hofe, aus jenen Kreisen entfernte, für die er geboren war, daß er daran denken konnte, für sie einer glänzenden Laufbahn zu entsagen, welche sich ihm unter den jetzigen Verhältnissen doch früher oder später eröffnen mußte. Daß er aus innerer Unzufriedenheit mit seiner Stellung in der Monarchie, aus Ueberdruß an seinen ungeordneten Verhältnissen, aus Uebersättigung endlich, zu dem Gedanken an eine ganz entgegengesetzte Lebensweise getrieben worden war, das vergaß er in diesem Augenblicke, um die Last seines aus Enttäuschung hervorgegangenen Unmuthes, nicht auf sich selbst, sondern auf Henriette zu wälzen.

Als er in die weite Halle des Schlosses trat, die luftigen Treppen emporstieg und seine Adjutanten in dem hellerleuchteten Saale seiner wartend fand, dachte er mit Beängstigung an die kleinen Zimmer, an das häusliche Leben in der Meierei. Er kam sich wie ein Verbannter vor, der aus dem Exil in seine rechtmäßige Heimath zurückkehrt, und mehrmals im Laufe des Abends drängten sich die Bilder der französischen vertriebenen Prinzen vor seine Seele, um die lebhafteste Theilnahme an ihrem Mißgeschick in ihm hervorzurufen. So oft er gegen Rahel den Wunsch ausgesprochen hatte, kein Prinz, sondern frei und unabhängig zu sein und wäre es in der engsten Beschränkung, so unerträglich schien ihm jetzt jede andere Existenz, als die eines Fürsten für sich.

Mit dem ersten Schritte in das Schloß trat auch die ganze Vergangenheit des Prinzen in ihre Rechte. Er fühlte sich freier athmen in den weiten Räumen, seine Phantasie erwachte wieder, er sehnte sich nach Musik und die Melodien strömten ihm in reicher Fülle zu.

Die Briefe von Rahel, von Tilly und Gentz fanden ihn in günstiger Stimmung. Nach Berlin zu kommen, wie Rahel ihn aufforderte, war ihm unmöglich, da er dem Willen des Königs zu Folge bei dem Manöver bleiben mußte. Tilly einzuladen, wozu er Neigung hatte, da die leeren Säle des Schlosses Gäste zu fordern schienen, war nicht thunlich, weil der Prinz die republikanischen Generale bei sich aufnehmen sollte, und nicht durch die Anwesenheit des streng legitimistischen Grafen Tilly das Ausbrechen unbehaglichen Meinungsstreites herbeiführen durfte. Aber Gentz erhielt noch am Tage nach der Ankunft seines Briefes eine Aufforderung des Prinzen, ihn in Schricke zu besuchen, und den berühmten Claviervirtuosen Dussek mit sich zu bringen, der seit einiger Zeit in die Dienste des Prinzen getreten war.

Das Schreiben von Gentz begleiteten die Briefe von Vetter an den Prinzen und an Gentz, dem der Letztere auf seine Weise spöttelnde Erläuterungen hinzugefügt hatte. Trotz dieser Sarkasmen machte jedoch derselbe auf den Prinzen einen lebhaften Eindruck durch die Schilderung von dem Wesen, von dem Charakter Paulinens und von ihrer unglücklichen Ehe.

Die verschiedensten Personen, Rahel, Dorothea, Schlegel, Frau von Grotthuß, Gentz, Tilly und Vetter hatten diese Pauline jeder auf seine Weise gelobt und getadelt; darin aber waren Alle übereingekommen, daß sie aus unerklärlicher Laune eine Wahl getroffen habe, die sie nicht glücklich machen konnte, und daß sie eines besseren Looses werth sei. Jetzt hatte jene Voraussetzung sich erfüllt, Pauline war unglücklich, wie Vetter es schrieb. Sie haschte nach Zerstreuung, um sich zu übertäuben. Wie sehr verstand der Prinz diesen Zustand! Ohne daß er Pauline kannte, dachte er lebhaft an sie. Er stellte sie sich vor in der wunderbaren Anmuth und Schönheit, in der Eigenthümlichkeit des Wesens, die man ihr einstimmig zuerkannte, trostlos ringend um die Liebe eines Mannes, dem sie nichts war, als ein Mittel zu seinen ehrgeizigen Zwecken. Er sah sie ungeliebt, leeren Herzens, unbefriedigten Geistes durch das Gewühl der Gesellschaftssäle wandern, zusammenbrechend vor einsamem Schmerz in der Stille ihrer Gemächer, wenn sie ihres verfehlten Daseins und all' der Liebe gedachte, die sie fühlte, ohne sie einem Würdigen spenden zu können.

Oh! einem solchen Weibe den Glauben an Liebe wieder zu geben, das muß ein großes Glück sein, sagte er, als François ihn am Abende auskleidete, so laut zu sich selbst, daß dieser es hörte und die Frage wagte, ob Hoheit mit ihm gesprochen habe?

Nein, François! entgegnete der Prinz, aber Sie haben ja wohl die Tochter des Staatssecretairs Geheimrath Cäsar gekannt?

Welche? Hoheit! Der Geheimrath hat viele Töchter.

Pauline! sagte der Prinz und mußte lächeln, da er bei dem Aussprechen dieses Namens jene innere Scheu empfand, die den blöden Jüngling abhält, vor Fremden den Namen der Geliebten zu nennen.

La petite Pauline! o gewiß Hoheit, denn sie war tellement espiègle, daß man im ganzen Schlosse auf seiner Huth sein mußte vor ihren Streichen. Sie war gleichsam an allen Ecken auf einmal! Wollte man eine Livree anziehen, so hatte sie bunte Fleckchen darauf genäht, suchte ihr Vater seine Perrücke, so hatte sie sie einem Treppenpfosten aufgestülpt, oder am Ende eines dunkeln Korridors von Kissen und Kleidern einen loup garoux hingestellt, daß alle Mägde vor Entsetzen aufkreischten. Kein Kind, kein Hund fanden vor ihr Ruhe und die Geheimräthin klagte oft, daß es eine Noth sei, weil la petite Pauline Nichts lernen und weder von Haushalt noch Nähzeug hören wolle. Je l'ai très bien connue, elle est devenue belle femme après tout! — schloß der Alte.

Der Prinz hörte ihm mit einer Neugier zu, die er selbst eben so komisch als unerklärlich fand. Ein so fröhliches Gemüth, dachte er, und doch unglücklich! Aber ein fröhliches Gemüth schien ihm in diesem Augenblicke ein hoher Reiz an einer Frau, da er durch Henriettens Trauer über seine Entfernung zu leiden gehabt hatte.

Ist Mademoiselle Pauline blond oder braun? fragte er plötzlich.

D'un blond foncé, sagte François, groß, voll, la plus belle gorge, les bras superbes! Fuß und Gang comme une vraie parisienne! Und Augen Hoheit! Augen wie ein Sommerhimmel mit Sonnenschein.

Sie werden zum Poeten für Mademoiselle Pauline, meinte der Prinz lächelnd.

Sie ist nicht mehr Mademoiselle, Hoheit! sie ist verheirathet mit Monsieur Wiesel und in Paris, tant que j'en sais!

Ich weiß es! antwortete Louis Ferdinand und wunderte sich, warum er sich Pauline immer als Mädchen, niemals als Wiesels Frau vorgestellt habe, obschon er sie als dessen Braut nennen hörte an jenem Abende, da man ihrer zum ersten Male in seiner Gegenwart erwähnte.

Die Unterhaltung hatte ein Ende mit diesen Worten; der Prinz vergaß sie in den nächsten Tagen, als das Schloß anfing sich mit Gästen zu füllen, aber Monsieur François hatte das Gespräch wohl behalten.

Niemand kannte den Prinzen so gut als er, Niemand verstand jede Aeußerung desselben so sicher auf ihre Quelle zurückzuführen. So unbeständig Louis Ferdinand in seinen Neigungen für Frauen auch war, so fest glaubte er von jeder Leidenschaft, diese werde dauern, diese sein ganzes Wesen für immer erfüllen. Weder der Vergangenheit und früherer Liebe, noch der Zukunft und der Möglichkeit einer neuen Leidenschaft gedachte er dann. Die ganze übrige Frauenwelt ließ ihn kalt; er sah, er dachte, er empfand nur die Geliebte und sein Glück in ihr. Sobald er Theilnahme für irgend ein weibliches Wesen außer der Geliebten bezeigte, war der höchste Wärmepunkt der Leidenschaft für sie, nach Monsieur François' Thermometer, erreicht, ein Steigen derselben unmöglich, ein Erkalten wahrscheinlich.

Fast niemals hatten ihn diese Beobachtungen in früherer Zeit getäuscht, Mademoiselle Fromm jedoch hatte all seine bisherigen Erfahrungen zu nichte gemacht; schon deshalb liebte er sie nicht. Er mußte sich gestehen, daß die eigentliche Leidenschaft des Prinzen für sie von kurzer Dauer gewesen sei, die Anhänglichkeit an Henriette war aber, trotz mancher Störungen, die dem wachsamen Auge eines so feinen und beständigen Beobachters nicht entgangen waren, tiefer, als er sie dem Prinzen überhaupt zugetraut hatte. Diese Anhänglichkeit mißfiel ihm, weil sie seine Plane, seine Absichten kreuzte. Er gehörte nicht, wie der Jäger Oehrdorf, zu jenen Dienstboten, welche nur um Geld dem Herrn dienen. Nächst sich selbst und seinen Vortheil liebte er Nichts so sehr als seinen Prinzen und dessen Ruhm und Ehre, wie er sie verstand.

In François' Gedächtniß lebten die Erzählungen seines Vaters, welcher einem der galantesten Prinzen am Hofe Ludwigs des Fünfzehnten gedient hatte. Die tollkühnsten Wagnisse, die freigebigste Großmuth, die zügellosesten Orgien und der ritterlichste Frauendienst waren nach seiner Ansicht nöthig, um das Ideal eines jungen Fürsten darzustellen; sein Ehrgeiz bestand darin, einem solchen Ideale zu dienen. Von ganzem Herzen nahm er Theil an den Abenteuern des Prinzen; die Eroberung einer gefeierten stolzen Schönheit nach leidenschaftlicher Bewerbung war ihm ein Tag des

Sieges, des Triumphes, der ihn stolz machte, als hätte der Prinz
eine Schlacht gewonnen. Sorgsam wachte er über die Gesundheit
seines Herrn, so weit er es vermochte, damit die Schönheit, die
Kraft desselben nicht Abbruch litten. Den Prinzen beneidet, bewundert zu sehen, machte seinen Stolz und seine Freude. Diesen
Zweck zu erreichen, hätte er versucht das Unmögliche möglich zu
machen; dafür verlangte er aber auch, ohne es doch fordern zu
dürfen, daß der Prinz beständig dem Ideale entspräche, welches er
sich von ihm gemacht hatte. Vor den Fenstern einer Fürstentochter,
die Louis Ferdinand unter Lebensgefahren zu entführen beabsichtigt hätte, während die ganze Welt sie ihm streitig machte, würde
Monsieur François trotz seiner sechszig Jahre willig Nachtwache
gehalten haben in scharfer Kälte, um froh lächelnd die Heldenthat
seines Prinzen zu berichten, nachdem sie gelungen war. Aber ein
Verhältniß, wie das zu Mademoiselle Fromm, war ihm verhaßt,
denn es bot keine Spannung, es erregte keine Neugier, erforderte
keinen Muth. Louis Ferdinand bedurfte François nicht dabei.
Niemand beneidete den Prinzen, ja! man fing an ihn in seiner
Zurückgezogenheit zu vergessen. Deshalb haßte François Mademoiselle Fromm und hielt es für Pflicht, seinen Herrn wo möglich von einem Verhältnisse frei zu machen, bei dem die besten
Kräfte desselben keinen Spielraum fanden, bei dem der glänzende, schöne Prinz zu einem bürgerlichen Hausvater herabzusinken
drohte.

So erfüllte denn des Prinzen Frage nach Pauline das Herz
des Alten mit Zufriedenheit. Nicht als ob er geglaubt hätte, sein
Herr könne eine Neigung hegen für eine Frau, die er gar nicht
kannte, aber die Hoffnung tauchte in ihm auf, der Prinz fühle
sich nicht mehr durch Mademoiselle Fromm befriedigt, er habe
Langeweile, eine Aenderung, eine neue und hoffentlich glänzendere
Aera könne beginnen.

Schon die Entfernung aus der Meierei, die Ankunft der

Adjutanten waren glückliche Augenblicke für den Kammerdiener; als dann der Kriegsrath Gentz und Duffel anlangten, als die ersten französischen Generale auf dem Schlosse eintrafen, das erste Souper bereitet ward, und der Prinz zum erstenmale nicht zu Mademoiselle Fromm ging, da rieb sich François fröhlich die Hände und sagte: voilà le beau temps qui nous revient.

Sechszehntes Kapitel.

———

In wenig Tagen war der Anblick gänzlich verändert, den die Ebene um Magdeburg nach der Ernte dargeboten hatte. Ein großes Lager war auf den Stoppelfeldern aufgeschlagen worden und belebte die Einsamkeit der Gegend.

In drei weit gestreckten Linien zogen sich zur rechten und linken Seite der großen Zeltgasse die Zelte der Infanterie hin, aus deren Mitte stattlich das Zelt des Königs hervorsah, von welchem zwischen Laubgewinden und Ehrenpforten majestätisch das große, preußische Banner mit seinem schwarzen Adler herniederflatterte.

Hinter den Lagerreihen der Infanterie befanden sich das Geschütz, die Zelte und Stallungen der Artillerie, von beiden Seiten durch die Lagerplätze der Kavallerie eingeschlossen. Bunte Fahnen bezeichneten die Standplätze der verschiedenen Regimenter und wehten lustig in der frischen Herbstluft über der vergänglichen, leicht gebauten Soldatenstadt.

Nun aber konnte man von den bunten Farben dieser Fahnen nicht mehr viel unterscheiden, denn die Septembersonne war schon vor zwei Stunden in dem flammenden Lichtmeere des Abendrothes versunken und die Schatten der Nacht breiteten sich allgemach über die Erde aus. Vom Himmel sahen die Sterne hell hernieder, während die Rauchwolken der Wachtfeuer sich röthlich weiß, im Dunkeln leuchtend, erhoben, und glitzernd wieder schimmerten in den Bajonetten der zusammen gestellten Gewehre.

Hier und dort brannten große Feuer in den Feldküchen, vor welchen den Soldaten unter Aufsicht der Feldwebel die Abend-ration zugetheilt ward. In den Stallungen wurde Häckſel geschnit-ten und Geschirre gesäubert, in vielen Zelten Kleider gepußt, Riemenzeug weiß gemacht und Alles für den kommenden Tag vor-bereitet; vor anderen Zelten saßen die Soldaten rauchend, wür-felnd oder schwaßend beisammen. Lieder von den Heldenthaten des alten Fritz erklangen an allen Ecken, untermischt mit Spott-gesängen, welche zur Zeit des Feldzuges in der Champagne gegen die Franzosen gedichtet worden waren, ehe man die Kraft der französischen Waffen zum Nachtheil des preußischen Heeres kennen gelernt hatte. Aber troß dieser übeln Erfahrung glaubte man sich unbesiegbar und wünschte Nichts sehnlicher, als diesen verhaßten Franzosen gegenüber zu stehen, deren gastliche Aufnahme im La-ger von der Mehrzahl der Offiziere sehr widerwillig angesehen wurde.

Am lautesten ging es jedoch vor dem großen Speisezelte der Offiziere her, welche heute auf Befehl des Königs diesen fränkischen Gästen ein Mittagsmahl gegeben hatten, bei dem auch Prinz Louis gegenwärtig gewesen war. Man hatte die Tafel bereits aufgehoben und verweilte noch in größern und kleinern Gruppen beisammen sißend, unter der überdachten Vorhalle, welche eigens für diesen Tag vor dem Zelte errichtet worden war. Brennende Pechtonnen warfen ein dunkelrothes Licht über die ganze Scene. Sie machten es der herbeigeströmten Menge möglich, die Theil-nehmer des Festes zu betrachten, während diesen die magisch beleuchtete Volksmasse, und die von Reitknechten zum Nach-hauseritt bereit gehaltenen Pferde, deren Köpfe über dem Ge-

wühl hervorragten, einen eigenthümlichen, lebensvollen Anblick ge=
währten.

Dem Feste zu Ehren war man von der strengen Lagerord=
nung abgewichen, welche Fremden den Besuch des Lagers nach
Sonnenuntergang verwehrte. Sowohl in der Halle als vor der=
selben befanden sich eine große Anzahl von Civil=Personen, und
das Fragen, Schwatzen und Erklären war hier so lebhaft, daß
man kaum die Musik zu hören vermochte, welche innerhalb des
Festlokales ausgeführt wurde.

Vor allen Andern war jedoch eine Gruppe der Gegenstand
allgemeiner Neugier, die ziemlich im Mittelpunkt der Vorhalle
um einen Tisch beisammen saß. Sie bestand aus einer Anzahl
Militairs, und aus zwei Männern in Civilkleidern. Mehr als
die Hälfte von allen diesen rauchte, und zwar die eben erst in
Europa eingeführten Cigarren, deren Gebrauch durch die Kriegs=
züge der Franzosen sich schnell unter den jungen Männern der
vornehmen Gesellschaft verbreitete.

An jenem Tische schien es sehr zwanglos herzugehen. Prinz
Louis Ferdinand hatte hier nach der Tafel mit denjenigen Fran=
zosen Platz genommen, welche in Schricke seine Gäste waren.
Der Kriegsrath Gentz und der Kapellmeister Dussek, die am
Morgen den Prinzen in das Lager begleitet, waren als Civilisten
nicht bei dem Mahle zugegen gewesen, nahmen nun aber, auf die
Einladung des Prinzen, an der Gesellschaft Theil, die noch bei=
sammen geblieben war.

Man hatte von Musik gesprochen und auf Dusseks Veran=
lassung wurden von der Regimentsmusik einige jener französischen
Romanzen ausgeführt, welche durch die Truppen den Weg nach
Deutschland gefunden hatten. Nun spielte man gerade das schöne
Vous me quittez und einer der jungen Franzosen, General Gre=
nier, ein geübter Sänger, trug die Romanze vor, da der Prinz
wohl die Musik, aber nicht die Worte kannte. Sie lauteten:

Vous me quittez pour aller à la gloire,
Mon triste coeur suivra partout vos pas
Allez, volez au temple de mémoire
Suivez l'honneur, mais ne m'oubliez pas.

A vos devoires comme à l'amour fidèle
Cherchez la gloire évitez le trépas
Dans ces combats où l'honneur Vous appelle,
Distinguez Vous, mais ne m'oubliez pas.

Que faire hélas! dans mes peines cruelles
Je crains la paix autant que le combat
Vous y verrez tant de beautés nouvelles
Vous leur plairez, mais ne m'oubliez pas.

Oui! Vous leur plairez et Vous vaincrez sans cesse,
Mars et l'amour guidront partout vos pas;
De Vos succès gardez la douce ivresse
Soyez heureux; mais ne m'oubliez pas.

Die weiche und doch volle Bruſtſtimme, mit der das Lied geſungen ward, machte auf Alle den günſtigſten Eindruck; auch der Prinz fand es anſprechend.

Auffallend iſt es mir, ſagte er, daß gefühlvolle, man möchte ſagen, ſentimentale Romanzen, wie dieſe oder gar wie le beau Dunois, Anklang finden bei Ihren Truppen. Man ſollte meinen, das aux armes! der Marſeillaiſe müſſe jeden milderen Klang in der Seele übertönen.

Eines ſchließt das Andere nicht aus, Hoheit! ſagte Duſſek, im Gegentheil! Nur ein Volk, das tiefer, menſchlicher Gefühle fähig, das in dieſen Gefühlen furchtbar verletzt worden iſt, kann zu dem blutigen Kriegsgeſange der Marſeillaiſe gelangen, in der doch auch die Elemente des weichen, rührenden Schmerzes, neben dem blutigen Aufrufe zur Rache nicht fehlen. Merkwürdig ist es, daß diese Hymne in ihrer Komposition keinen wilden Charakter hat, sondern einen ruhigen, feierlichen Ernst, wie ihn schon das langsam fortschreitende, marschartige Tempo andeutet.

Und doch! wie elektrisirt die Marseillaise! rief General Grenier. Es ist wahr, man hat das Lied gesungen, als Tausende von schuldlosen Opfern ihr Leben unter dem Beile der Guillotine verbluteten, man hat es gesungen, als Schandthaten verübt wurden unter dem Deckmantel des Rechtes, der Nothwendigkeit! Aber dennoch wird dieses Lied jedem Franzosen heilig und begeisternd sein, wie Lerchenjubel bei Sonnenaufgang, als Tag verkündendes Symbol. Wenn unsere Truppen zusammenbrachen in dem Wüstensande vor den Pyramiden, wenn die Sonne das Mark ihrer Knochen ausgedörrt hatte bis zur höchsten Erschöpfung, so genügte es, die Marseillaise spielen zu lassen, um neues Leben, neue Kraft in ihnen zu erwecken. Mit diesem Liede sind wir unüberwindlich, es ist die Hymne unserer Befreiung, das Loblied der Göttin, für die wir kämpfen. Mit dem Klang der Marseillaise will ich mein Regiment gegen eine Welt voll Teufel führen und kein Franzose soll weichen.

Plötzlich unterbrach er sich, als fühle er die Unvorsichtigkeit, diese leidenschaftliche Aeußerung in Gegenwart des Prinzen gethan zu haben. Dieser bemerkte es und sagte ruhig: Unbesorgt, General! wir sind unter Kameraden! Ich begreife die Kraft, welche eine Armee belebt, wenn sie für eine Idee kämpft; wir selbst haben dies bewiesen in den Tagen Friedrichs des Großen.

Verzeihen Hoheit! rief Grenier, für eine Idee hat man in Preußen damals nicht gekämpft, sondern für einen angebeteten Herrscher, der ein Genie war.

Das bleibt sich gleich! meinte einer der älteren französischen Generale, man war doch unüberwindlich durch die Begeisterung für ihn.

Nein! behauptete Grenier, ein starrer Republikaner, das ist nicht gleich. Bei uns liegt das begeisternde Prinzip in dem Freiheitsbewußtsein jedes Einzelnen; und fallen Tausende unter dem Kugelregen, das Freiheitsbewußtsein bleibt ganz und ungetheilt in der Brust des letzten Ueberlebenden; das ist une et indivisible. Die Begeisterung aber, welche sich an das Genie eines Fürsten knüpft, geht überall mit dem Tode des Genie's unter.

Und doch übt Bonaparte's Name denselben Einfluß auf die Truppen, wie der Klang der Marseillaise, behauptete Dussek.

Weil Bonaparte der Repräsentant der gesicherten Freiheit ist, die wir beim Klange der Marseillaise erkämpften. Bonaparte liebt die Republik und hält sie heilig, wie er seine Mutter, Madame Lätitia, liebt und ehrt. Tausendmal hat er sein Leben in die Schanze geschlagen für die Republik, er würde sterben für sie —

Und sie wird untergehen für ihn, fiel ihm der Kriegsrath Gentz in die Rede.

Was soll das heißen? fragten die Franzosen heftig.

Daß die Tage einander folgen und sich nicht gleichen! Ich habe in Berlin einen Gesandten der Republik gekannt, der sein Ludwigskreuz sorgfältig verwahrte, weil, wie er zu sagen pflegte, man es doch gelegentlich noch brauchen könne.

Wer hat das gewagt? Wer war der Ehrlose? Es ist eine Verleumdung! riefen die Franzosen durcheinander, und ein Zerwürfniß schien unvermeidlich.

Da erhob sich der Prinz, der nachlässig auf seinem Sessel gelegen hatte, die Füße auf einen Feldstuhl ausgestreckt, ein ernster, schweigender Zuhörer der letzten Unterhaltung. Hoch aufgerichtet stand er da und mit aller Würde eines zum Befehlen gebornen Mannes sagte er: Keinen Streit meine Herren! konnte ich schweigen, wenn unsere Gäste behaupteten, das Preußen Friedrichs des Großen sei zu Grabe getragen mit der Leiche meines königlichen

Ahnherrn, wer will es dann wagen, in diesem Augenblicke eine
Ungerechtigkeit zu rügen?

Alle verstummten, und plötzlich von dem Ernste zum Tone
leichten Scherzes übergehend sprach er: Genug der Tagesgeschichte
und des Lärmes, den die knarrenden Räder der Weltuhr machen;
lassen Sie uns fröhlichere Dinge hören! Dussek! jetzt ist es Zeit,
uns endlich einmal die Geschichte Ihrer Prinzessin-Entführung zu
erzählen.

Sie haben eine Prinzessin entführt? rief Grenier, und wie?
und wann? Hat die Leier des Arion sie bewogen, den Klängen
freiwillig zu folgen?

Nichts davon, meine Herren! sagte Gentz, er ist entführt worden.

Von einer Prinzessin?

Bei Nacht und Nebel! bestätigte Dussek, den Mund öffnend,
als wolle er weiter erzählen; dann schwieg er und legte sich behaglich lächelnd in den Stuhl zurück.

Die Neugier der Uebrigen war aber nun angeregt, man
wollte sich die Erzählung nicht unterschlagen lassen, man drang in
ihn, und mit jener Eitelkeit, von der kein Mann, am wenigsten
ein Virtuose frei ist, sagte er: Im Grunde ist die Sache die ein-
fachste von der Welt. Wir Andern, denen die Natur mit dem
Talent eine frühe geistige Reife gegeben hat, wir treten so zeitig
in das Leben, daß wir die gewöhnlichen Erfahrungen durchgemacht haben in dem Alter, in welchem andere Männer erst zu
leben beginnen. Dafür muß das Schicksal uns dann etwas Be-
sonderes zukommen lassen, wenn es uns für unser Mahl ein De-
sert zudenkt.

Er sagte dies mit wegwerfender Gleichgültigkeit, während auf
seinem vollen blühenden Gesichte und aus den blitzenden Augen
die ganze Freude eines Lebemannes leuchtete, der mit nachge-
nießender Erinnerung seiner frohen Stunden gedenkt, neben dem
Siegesbewußtsein eines bei Frauen glücklichen Mannes.

Thatsachen, Dussek! rief man von allen Seiten, Thatsachen und keine Betrachtungen! Schnell mit dem Texte heraus, die Melodie werden wir selbst uns machen!

Nun wohlan, versetzte er, aber dann muß ich ein Stück meiner Lebensgeschichte als Introduktion geben dürfen.

Dies ward ihm bewilligt, Alle rückten näher, nur Gentz setzte sich an einen Nebentisch und fing an, die Berliner Zeitung zu durchblättern, welche sich auf demselben befand.

Fürchten Sie Gentz! fragte der Prinz, der plötzlich aus tiefem Sinnen emporsah und des Kriegsraths Entfernung bemerkte, fürchten Sie, daß Ihre Tugend von Dusseks Erzählung beleidigt werden könnte?

Nein Hoheit! antwortete er, aber mich quält das Anhören fremder Liebesgeschichten, in denen die Eitelkeit immer so majestätisch umher spaziert. Mir ist fremde Eitelkeit zuwider, weil ich die eigene hochachte und liebe.

Man lachte darüber, Gentz ließ sich aber nicht irre machen und Dussek hub also an, während seine schönen, etwas zu fetten Hände mit den reichen Gehängen seiner Uhrkette spielten und ein kostbarer Brillant an seiner Rechten im Lichtglanz funkelte: Die Introduktion soll kurz sein! Ich bin in Böhmen geboren, der Sohn armer Eltern und war vor vier Jahren sechs und dreißig Jahre alt. In diesen sechs und dreißig Jahren war ich Musikant, Jesuitenschüler, Organist, Studiosus der Philosophie, Magister, Prinzenlehrer, Bach's Schüler, Musikalienhändler in London, verheirathet, arm und reich; vergessen in der Heimath, angebetet in Italien und Frankreich; von Prinzessinnen, von Maria Antoinette gefeiert und verzogen, von meiner Frau in London gequält; von meinen Gläubigern aus London vertrieben, wofür Gott sie lohne und bezahle statt meiner, denn mit dieser Vertreibung ward ich des Musikalienhandels, meiner Frau, meiner Gläubiger und der englischen Nebelatmosphäre auf einmal ledig. Das war ein Glück, wie ich es allein noch zu empfinden vermochte. Das sogenannte Glück hatte mich seit Jahren so sehr mit seinen billigen Gaben überschüttet, daß es mich langweilte; nur in der Befreiung von Widerwärtigkeiten fand ich jene süße Genugthuung, jene anmuthige Erregung für mich wieder, welche anderen Leuten das Glück gewährt. In dieser Stimmung langte ich in Hamburg an und gab Konzerte, weil ich so nöthig Geld brauchte, als ich wenig Lust hatte Musik zu machen vor jenen Krämern, denen der Klang ihrer Dukaten und das Knarren der Speicherwinden die süßesten Töne sind.

Sie thun den Hamburgern Unrecht, fiel der Prinz ihm in das Wort, ich habe dort Seelen gefunden, die tief empfänglich waren für Musik!

Ja! weibliche Seelen! und besonders für die Musik, die ein schöner Fürst sich herabläßt vorzutragen. Was ist denn überhaupt undankbarer, als sein Licht, sein Genie leuchten zu lassen vor einem Publikum? — Man bezahlt uns, man versteht uns nicht. Nur das Volk und die Aristokraten verstehen Musik, mit aller Achtung vor denen, die weder zum Volke, noch zur Aristokratie gehören.

Oho! rief Grenier, so schnell kommen Sie nicht fort über diese Behauptung. Sagen Sie uns erst, wie Sie das meinen?

Ganz einfach! entgegnete Dussek, man muß sorglos wie das Volk am Tage den Tag leben oder aller Sorgen enthoben sein, um die Musik rein auf sich wirken zu lassen; man muß leichtsinnig oder glücklich sein.

Und der Unglückliche, der von ihr Trost verlangt — wendete einer der Männer ein.

Der steht in keinem reinen Verhältniß zur Musik, eben weil er schon ein Bestimmtes von ihr fordert. Er trägt seine Wünsche, seine Empfindungen in die Musik hinüber, er genießt sie nicht rein, aber —

Aber laffen wir diefe Paradoxen, unterbrach ihn der Prinz, und erzählen Sie uns von der glückseligen Ariftokratin, welche die Mufik nicht nur rein, fondern fo allein zu genießen wünfchte, daß fie den Mufiker entführte. Wie fah fie aus? war fie jung? blond? fchön?

Hoheit! ein Kenner wie Sie und diefe Frage! rief Duffek, wie ift das möglich? Junge, blonde Weiber entführt man, die haben den Muth der Duldung, nicht die Energie der That! Nein! meine Räuberin war eine Frau in der Fülle des Lebens, eine jener Ruffinnen, in deren Adern alle Gluth der orientalifchen Race fich unter der nordifchen Schneehaut birgt; eine Frau, gefchaffen mit dem Muth der Liebe, die erkämpft und ertrotzt, was fie erfehnt, da fie nicht die Kraft hat, es zu entbehren. Müde häuslicher Kämpfe, ftumpfgehetzt von finanziellen Verdrießlichkeiten, gelangweilt durch Glück und Leid, ohne inneren Lebenszweck als den, mein Leben zu friften, weil ich es nicht enden mochte, kam ich nach Hamburg und gab mein erftes Konzert. Gleichgültig fpielte ich Gleichgültiges, bis mein Blick plötzlich in zwei fchwarze, glanzlofe, unergründliche Augen tauchte, die mich magnetifch fefthielten. Eine brennende Gluth ftrömte von ihnen in mein Wefen, meine Finger waren davon durchzittert, meine Seele belebt; ich konnte nicht aufhören, die Augen anzufehen, und doch hatte diefe urplötzliche Anziehung etwas fo Unheimliches für mich, daß ich befchloß, diefe Frau nicht kennen zu lernen.

Und Sie machten es wie jener junge Militär, unterbrach ihn General Grenier, der fich aus Angft vor dem Tode erfchoß, ehe die Schlacht begann.

Nein, fagte Duffek, ich that Nichts der Art. Ich verhielt mich nach meinem Vorfatze; aber kaum war das Konzert beendet, als die Dame an mich herantrat, mir in den wärmften Lobfprüchen ihren Beifall ausdrückte und mich fragte, ob ich mich entfchließen könne, ihr Mufikunterricht zu geben? Sie fei die Fürftin Natalie —

Natalie? nun weiter heraus mit dem Namen, rief der Prinz, da Dussek ihn nicht nennen zu wollen schien.

Verzeihen Sie Hoheit! der Name Natalie mag genügen, denn bald war sie mir nicht die Prinzessin, sondern nur noch Natalie, ein wunderbares Weib. Ich habe viel Frauen gekannt; Keine — die ihr glich. Ihr ganzes Wesen war eine Flamme, welche zusammenschlug über den Mann, den sie erwählt, ihn abtrennend von aller Welt, ihn der Welt entrückend und entziehend. Man lebte neben ihr in Extasen der Liebe, gemartert von ihrer rasenden Eifersucht, gequält von ihrer Tyrannei, und doch so gefesselt, so geblendet von ihrer Liebesgluth, daß man vergaß, es gäbe noch Etwas außer ihr. Ich hätte mich losreißen, sie fliehen mögen, hätte ich nur den Gedanken zu fassen vermocht, wohin? Auf die Frage wohin? gab es immer nur eine Antwort: zu ihr! —

Dussek! rief der Prinz, ich beschwöre Sie, wo lebt dieses Weib? dieses göttliche Wunder der Natur?

Sie lebt nicht mehr! antwortete Dussek, und es lebt Keine Keine, die ihr gleich wäre.

Nichts ist ohne seines Gleichen in der Natur! warf Gentz spöttelnd hin, der sich doch wieder der Unterhaltung zugewendet hatte, nachdem er die Zeitungen durchblättert.

Doch! meinte Grenier, unsere Revolution und Bonaparte sind bis jetzt ohne ihres Gleichen auf der Erde.

Und Cäsar? und Brutus? fragte Gentz, indem er mit seinem, überlegenen Lächeln den enthusiastischen Franzosen anblickte. Die französische Revolution wird den Kreislauf aller Revolutionen durchmachen. War es denn anders in Rom, als es jetzt ist? — Brutus erkämpft die Freiheit, als das Joch der Tyrannei unerträglich geworden ist; die Erhabenheit der Republik scheitert an den menschlichen Leidenschaften, an Genußsucht und Herrschsucht; der Faustkampf um diese beginnt. Aus der Anarchie des Kampfes errettet ein Genius die Kämpfenden, indem er alle knechtet. Die

Diktatur, die Herrschaft dieses Einzelnen endet naturgemäß in Willkür, die neuen Umsturz, neue Befreiung verlangt und findet. Ehe zehn Jahre vorüber sind, wird Frankreich durch Bonaparte selbst an dieses Ziel geführt sein! Das ist der Kreislauf des Menschheitsjahres, dem man als Zuschauer seinen Gang lassen muß, ohne im Frühjahr den Sommer, im Sommer den Winter hervorzaubern zu wollen. Der Vernünftige trachtet einzig danach, sich in jeder Jahreszeit so gut als möglich einzurichten, um diejenige erwarten zu können, welche ihm die angenehmste ist.

Bei diesen Worten strich er sein Haar und sein Jabot zurecht und wickelte sich fester in den Mantel, den er schon lange umgeschlagen hatte, während die andern Männer noch in Ueberröcken saßen, und Dussek, vom Weine und von seinen Erinnerungen erhitzt, die offene Brust dem kühlen Abendwinde Preis gab.

Gentz's Eitelkeit, die es nicht ertragen konnte, daß ein Anderer so lange Zeit der Gegenstand der Theilnahme für die Gesellschaft blieb, hatte durch seine Bemerkung eine Mißstimmung hervorgerufen, welche auf ihn zurückwirkte. Grenier, tödtlich verletzt, stellte ihm lebhaft alle Begeisterung für sein republikanisches Vaterland, allen Glauben an den Republikanismus des ersten Konsuls entgegen. Dussek, obschon von dem Prinzen zum Fortfahren in seiner Erzählung aufgefordert, fand die Stimmung dazu nicht wieder. Kalt und nicht ohne Schmerz berichtete er, wie die Prinzessin, in Folge eifersüchtiger Zweifel, ihn durch ein Billet mit verstellter Handschrift zu einem Rendezvous nach einer der Vorstädte gelockt habe. Er sei der Aufforderung gefolgt, habe dort die Prinzessin selbst in ihrem Wagen gefunden und diese ihn, statt zurück nach Hamburg, auf ein entlegenes Gut in Dänemark gefahren, wo sie ihn zwei Jahre so zu fesseln gewußt habe, daß er halb freiwillig, halb gezwungen ihr Gefangener geblieben sei. Man sprach noch eine Weile darüber, dann mahnte der Prinz zum Aufbruch, weil die frühere Heiterkeit nicht wiederkehren wollte.

Plötzlich, als man die Festhalle verließ und die Pferde geholt wurden, entstand ein Gedränge vor dem Zelte, man rief nach Wachen, der Braune des Prinzen, den Johann in einiger Entfernung bereit hielt, bäumte sich wiehernd empor. Angstrufe aus weiblicher Kehle ließen sich vernehmen, man schrie um Hilfe, und den wilden Lärm übertönend stieß der alte Johann die Worte aus: mit Hunden soll man das Gesindel hetzen, das meinen Prinzen zu beleidigen wagt, todtschlagen muß man das Volk, das keinen Respekt mehr hat.

Johann, donnerte die Stimme Louis Ferdinands dazwischen, mein Pferd!

Der Befehl des Herrn machte den Alten verstummen, wie das Vortreten des Prinzen augenblicklich Ruhe zu Wege brachte. Die Armee-Gensd'armen, welche auf den Lärm herbeigekommen waren, machten Platz für die Pferde, der Prinz und seine Begleiter stiegen auf, während einige Andre sich in die Wagen setzten, um den Rückweg anzutreten.

Im Abreiten musterte des Prinzen klares, blaues Auge, das lebhaft an seinen Ahnherrn Friedrich den Großen erinnerte, die Gruppen, aus denen der Streit hervorgegangen war. Da fiel sein Blick auf einen stattlichen Mann, an den sich eine Frau wie bittend und besänftigend lehnte, während er die Faust drohend gegen den alten Johann erhob und, den Hut vor dem Prinzen nicht wie alle Uebrigen lüftend, mürrisch zwischen den Zähnen brummte und schimpfte. Die Worte: ich bin Herr in meinem Hause und kein Prinz und kein Teufel soll wider meinen Willen hinein! erreichten das Ohr Louis Ferdinands.

Der Prinz sah nochmals hin; er erkannte plötzlich die Dame. Es war ein Fräulein von Wernink, die früher als gefeierte Schönheit in Berlin geglänzt hatte. Dort war der Prinz ihr begegnet, und aufmerksam auf sie geworden, als eine schnelle Heirath, zu der man das Mädchen gezwungen hatte, sie seinen Blicken entzog

Er erinnerte sich deutlich der Thatsachen, ohne den Namen oder den Wohnort ihres Mannes zu kennen.

Möllendorf! sagte er, zu seinem Adjutanten gewendet, fragen Sie doch gelegentlich Johann, was es da gegeben hat? Sie können es mir Abends berichten.

Ich weiß es bereits Hoheit! da ich mich zufällig außer dem Zelte befand, als sich der Streit erhob.

Nun? und was war es?

Die Frau, welche Hoheit wohl bemerkt haben werden, sprach ganz bezaubert von Dero Schönheit, wie sie Nichts sehnlicher wünsche, als Sie einmal zu sehen und zu sprechen, und der Mann — Möllendorf stockte.

Nun der wünschte es eben deshalb nicht, dies begreife ich. Er würde es um so weniger wünschen, wüßte er, daß ich dies prächtige dunkle Weib wohl auch einmal wieder sehen möchte, wenn sie am Tage noch so schön ist, als sie früher war, und in der halben Beleuchtung noch zu sein scheint. Aber warum zankte man denn? was kümmerte das den Johann?

Eine unehrerbietige Aeußerung des Mannes —

Nur weiter! rief der Prinz, da Möllendorf abermals innehielt. Ich befehle Ihnen, seine Worte zu wiederholen.

Er meinte, er wolle Hoheit nicht rathen, seine Schwelle zu betreten, in seinem Hause sei er Herr, und wisse es vor Verführern der Weiber zu wahren. Er würde Hoheit die Thür verschließen, selbst wenn Sie der König wären und die ganze übrige Welt sich Ihren Besuch wie eine Gnade erbäte.

Oho, rief Louis Ferdinand lachend, aber nicht ohne Gereiztheit, da haben wir ja den stolzen freien Bürger, den Republikaner auf deutscher Erde! Und nicht wahr? Johann hat diesen Collatinus —

Mit der Reitpeitsche geschlagen, da er zufällig jene Reden hörte; darüber entstand der Lärm, fiel Möllendorf dem Prinzen in das Wort.

Dieser schwieg eine Weile, dann sprach er von gleichgültigen Dingen mit seinen Gefährten. Erst als sie die Treppe zu den Gemächern des Prinzen in Schricke erstiegen, wendete er sich wieder an Möllendorf mit der Frage: Wissen Sie zufällig wie der Mann hieß?

Amtmann Scheinert auf Bernau.

Scheinert auf Bernau, wiederholte der Prinz, das ist ja ganz in unserer Nähe?

Dann war von dem Ereignisse nicht weiter die Rede.

Siebenzehntes Kapitel.

———

Der nächste Tag war ein Ruhetag. Man hatte den Abend nach
der Rückkehr aus dem Lager musicirt, dann zu den Karten ge-
griffen und sich erst gegen Tages-Anbruch getrennt. Noch schlie-
fen Gentz und Dussek ermüdet, als Louis Ferdinand schon am
Morgen seine militairischen Gäste um sich versammelt hatte, und
ein Pistolenschießen im Garten in Vorschlag brachte.

Die Scheibe wurde aufgesteckt, Pistolen herbeigebracht und
das Schießen begann. Der Prinz hatte tüchtige Mitbewerber um
den Ruhm des besten Schützen. Die Franzosen waren sehr geübt,
die feste, unwandelbare Scheibe war für sie Alle kein schweres
Ziel. Man fing an nach Flatterscheiben zu schießen, aber auch
hierin fand man kein Genügen, denn obschon der Prinz jedesmal
mit Sicherheit traf, so gelang dies den Andern mehr oder weniger ebenfalls, und es bot sich dadurch nicht die Spannung, welche
Louis Ferdinand allein in diesen Uebungen suchte.

Wagen Sie es einen Schuß zu thun wie Tell? fragte er
plötzlich.

Falls Hoheit den Schuß meinen, mit welchem er Geßler
tödtete, so haben wir zu derlei oft genug Gelegenheit, wenn wir
dem Feinde gegenüber stehen, antwortete einer der Franzosen.

Wer spricht davon? rief der Prinz. Nein! würden Sie es wagen von dem Haupte eines Sohnes, aus der Hand eines Menschen, den Sie lieb haben, einen Apfel fortzuschießen?

Die Anwesenden verneinten. Johann soll kommen! befahl der Prinz, und François eilte freudestrahlend davon, ihn zu holen, weil er ahnte, worauf es abgesehen sei.

Als Johann kam, sagte der Prinz: Diesem Menschen habe ich das Leben gerettet, er ist mir werth, ein treuer Diener; er und ich wir kennen einander. Ich werde die Kokarde an seinem Hute zum Ziele nehmen.

Die Anwesenden drückten auf verschiedene Weise ihr Erstaunen aus. Der Prinz sprach ein Paar Worte leise mit seinem Diener, dann stellte sich der Alte in Schußweite, der Prinz legte an und die Umstehenden hielten es noch für unwahrscheinlich, daß er den Schuß wagen werde, als schon das Pulver aufblitzte, das Pistol losbrannte und der alte Johann aus der Rauchwolke hervortretend, ruhig den Livreehut in der Hand, auf seinen Herrn zuschritt.

Grade mitten durch die Kokarde, wie Hoheit gewollt! sagte er und hielt den Fremden triumphirend den Hut zur Besichtigung hin. Die Kugel muß in den Baum hinter mir geschlagen sein.

Die Franzosen sprachen lebhaft ihren Beifall aus, man betrachtete den Hut, man suchte die Kugel, lobte den alten Johann, sein Vertrauen auf den Prinzen, die sichere Hand des Letzteren.

I nun! meinte Johann, wir haben noch andere Stückchen, Hoheit und ich; wenn er sie nur zeigen wollte, ich wäre schon dabei. Hoheit haben mir schon manch schönes Mal einen Thaler zwischen den Fingern weggeschossen und ich wollte wohl, daß die Herrschaften das ansehen könnten. Die letzte Zeit haben wir immer französisches Geld dazu genommen und —

Ein andermal wollen wir Deutsches nehmen, unterbrach der Prinz den gesprächigen Alten, um die Erzählung zu verhindern, wie er nach französischem Gelde zielend, den Wunsch geäußert hatte, Frankreich so sicher vernichten zu können, als seine Münzen.

Die Bewunderung seiner Gäste belebte Louis Ferdinand. Man kam von der Unterhaltung über das Pistolschießen auf den Gebrauch der übrigen Waffen, man sprach von Duellen auf Hieb und Stich, ließ Degen und Fleurets herbeibringen und der Prinz trat mit Grenier in die Schranken.

Sie hatten eben einige Stöße gewechselt, als plötzlich der Portier die Ankunft des Königs meldete. Louis Ferdinand stand in seiner Morgenkleidung, in leichtem Pantalon mit grüner runder Jacke, mit entblößtem Halse und unfrisirt mitten unter seinen Gästen; seine Wangen waren geröthet von der Aufregung und Bewegung, seine Hände von dem Laden der Pistolen geschwärzt, das er selbst zu besorgen liebte, wenn es einen Meisterschuß galt. Dem Könige so entgegen zu treten, der streng auf die Regeln des Anstandes hielt, und dem Prinzen seine unbefangene Nachlässigkeit den Fremden gegenüber zum Vorwurfe gemacht haben würde, wünschte er nicht; und doch mußte er ihm begegnen, wenn er den Weg zu seinem Zimmer antrat, um seine Kleidung zu wechseln.

Verlegen blickte François, der eben noch in allem Stolze über seinen Herrn geglänzt hatte, auf diesen hin; fragend sahen ihn die Adjutanten an. Der König sah nach den Berliner Mißhelligkeiten den Prinzen zum erstenmale wieder, und man mußte fürchten, daß unter diesen Umständen die Aussöhnung, welche so wünschenswerth schien, gestört oder verzögert werden könne.

Louis Ferdinand allein schien nicht im Geringsten beunruhigt. Er warf das Rapier zur Erde, eilte nach dem Schlosse, faßte das Kreuzholz eines offenen Fensters und schwang sich mit kräftigem Sprunge schnell in ein Zimmer, von dem aus er seine Gemächer erreichen konnte, ohne dem Könige zu begegnen.

Kaum aber hatte dieser, seine Gemahlin am Arme, den Garten betreten, als wie durch einen Zauber Prinz Louis in voller

Uniform vor ihm erschien, mit jener ruhigen, in sich gefaßten Haltung, welche den König selbst auszeichnete, und die er deshalb auch an Andern schätzte.

Die Franzosen trauten ihren Augen nicht, als sie den Prinzen erblickten, der durch solche Züge ihre besondere Theilnahme gewann. Aufmerksam betrachteten sie die beiden Fürsten, welche die verschiedenen Gesinnungen des Volkes in sich darstellten, und dadurch einander in gewissem Betrachte seit lange feindlich gegenüber gestanden hatten.

Beide, hoch und schlank gewachsen, wie das ganze Geschlecht der Hohenzollern, waren in der ersten Blüthe des jugendlichen Mannesalters. Zeichnete den König sein abgeschlossenes Wesen, sein ruhig blickendes Auge vor vielen Andern aus, so leuchtete von dem Antlitze Louis Ferdinands eine geniale Lebhaftigkeit, ein strahlendes Jugendbewußtsein.

Zwischen den beiden Männern stand die junge Königin Louise, das schöne Antlitz mit den großen blauen Augen von blondem Gelock reich umflossen. Während sie dem Prinzen freundlich die Hand reichte, welche er dankbar küßte, sagte der König: Haben einmal sehen wollen, die Königin und ich, wie weit Sie mit Ihren Einrichtungen in Schricke gekommen sind. Habe viel davon gehört durch Dero Frau Mutter, sehr damit zufrieden gewesen und mit Ihrer Beharrlichkeit. Sollten aber, wenn Sie hier fortkommen können, den Winter in Berlin zubringen, würde der Frau Mutter doch lieber sein.

Diese Worte hoben die Verbannung des Prinzen auf. Die Königin blickte ihn mit jener schönen Freude an, welche edle Naturen über fremdes Glück empfinden. Sie hatte es ausdrücklich gefordert, den König bei diesem Besuche zu begleiten, weil sie wußte, daß dem Prinzen eine erwünschte Botschaft verkündet werden sollte; aber der Ausdruck in den Zügen desselben entsprach den Erwartungen der Königin nicht.

Achtzehntes Kapitel.

Der Vorgang mit dem Amtmann Scheinert, der Besuch des Königs mit seinen verschiedenen Ereignissen, hatten die kaum beruhigte Seele des Prinzen wieder aus dem Gleichgewichte gebracht. Er fühlte sich nicht aufgelegt mit seinen Gästen zu verkehren, und eilte nach der Meierei, sich zu erholen, sich zu zerstreuen.

Es waren wieder zwei Tage vergangen, in denen der Prinz sie nicht besucht hatte. Henriette, gewöhnt an ein inniges Beisammensein mit dem Geliebten, sah sich versäumt. Sie empfing ihn mit Vorwürfen, welche in ihren Thränen erstickten. Sie klagte über seine Vernachlässigung, über ihre Einsamkeit, über die Langeweile, welche ihr Theil sei, während der Prinz mit seinen Genossen fröhliche Stunden verlebe.

Um sie zu erheitern schlug er ihr vor, noch an demselben Tage mit Gentz und Dussek zu ihr zu kommen. Er erzählte ihr das Abenteuer des Letzteren mit allem Zauber der Phantasie, mit dem seine Seele sich die von Dussek kurz angedeuteten Vorgänge ausgemalt hatte. Henriette hörte aufmerksam zu. Sie hatte seit Monaten in solcher Abgeschiedenheit von der Welt gelebt, daß sie, bereits an das Leben in der Gesellschaft gewöhnt, sich nach Menschen sehnte, ohne es zu wissen. Der Gedanke, den Helden eines so romantischen Abenteuers kennen zu lernen, regte sie an und beschäftigte sie so lebhaft, daß sie kaum noch des Prinzen gedachte, sondern nur nach Dussek fragte, nur von ihm zu hören begehrte.

Louis Ferdinand theilte mit was er wußte, theilte es gern und freundlich mit, und dennoch war es ihm unangenehm, daß Henriette nicht größeres Gewicht auf seine Begegnung mit dem Könige legte, von der er ihr ebenfalls gesprochen hatte, daß sie gleichgültig fortging über seine Auseinandersetzung von den Folgen dieser Versöhnung, daß sie nach der Kleidung der Königin fragte, und endlich mit Tändeln und Küssen der ganzen Unterhaltung ein Ende machte.

Als der Prinz sie verließ, war er nicht heiterer als zuvor. Ich bin ein Thor, sagte er sich, daß ich von einem Kinde die verstandesreife Theilnahme einer vernünftigen Frau erwarte, aber warum mußte ich mein Herz an das Dasein eines Kindes knüpfen? Warum mußte meine Wahl auf Henriette fallen, während ich an Rahel sehen konnte, welcher Tiefe die weibliche Seele fähig ist? Wie konnte mich dies reizende Aeußere, diese vergängliche Jugendfrische über die geistige Unbedeutendheit verblenden? bin ich verpflichtet, mein ganzes Sein an ein kindisches Wesen zu verschwenden, weil ich im Rausche der Leidenschaft seinen inneren Gehalt überschätzte?

Diese Fragen, welche in ihrer Auseinanderlegung zu schmerzlichen Verwickelungen führten, beängsteten den Prinzen, er wollte den Gedanken daran um jeden Preis los werden; es verlangte ihn nach heftiger, körperlicher Bewegung, nach gewaltsamer Zerstreuung. Er trank viel bei der Tafel und befahl dann, die Pferde vorzuführen.

Als dies geschehen war, wendete er sich zu Grenier und den Anderen mit der Frage: Haben Sie Lust zu sehen, wie man Festungen erobert?

Gewiß, Hoheit! wenn Sie die Eroberung leiten.

So folgen Sie mir.

Und wohin?

Nach Bernau zu einem Amtmann Scheinert, der dem Prinzen Louis Ferdinand, dem gefährlichen Verführer, sein Haus verschließen will.

Die Adjutanten blickten ihn betroffen an, auch Grenier und Gentz schwiegen bedenklich, endlich bemerkte dieser: es werde doch schon frühe dunkel in dieser Zeit, ob Hoheit das Unternehmen nicht auf den folgenden Tag verschieben wollten?

Mit Nichten! am Abend ist man am behaglichsten im traulichen Familienkreise, aber wenn die Herren dort Langeweile fürchten, so bleiben Sie zurück. Ohnedies wird Mademoiselle Fromm Sie, lieber Gentz, und den Kapellmeister erwarten. Bleiben Sie also zurück, gehen Sie zu ihr und unterhalten Sie sie, falls ich später heimkehren sollte, als ich glaube.

Mit diesen Worten verließ er das Zimmer, Grenier allein folgte ihm, und von Johann begleitet machten sie sich auf den Weg.

Man hatte mehr als zwei Stunden zu reiten bis nach Bernau. Als sie dort anlangten, mochte es fünf Uhr Nachmittags sein. Auf dem stillen Amthofe war außer einigen Arbeitern Niemand zu sehen. Das Haus lag von großen, herbstlich gelben Bäumen beschattet in tiefem Frieden. Bei dem Pferdegetrappel schlug der große Kettenhund an und zugleich tauchte an einem der unteren Fenster ein schwarzlockiger Frauenkopf empor, dessen Stirne sich bei dem Anblicke des Prinzen mit dunkeler Röthe überzog. Eine schlanke und doch üppige Gestalt erhob sich, warf eilig das Nähzeug aus den Händen, und verschwand vom Fenster.

Das ist die Festung, lachte der Prinz, und — da erscheint ja schon der Kommandant! fügte er hinzu, als der Amtmann in sichtlicher Verlegenheit vor die Thüre seines Hauses trat, ohne zu wissen, was er thun oder sagen solle.

Der Prinz kam dem sich demüthig neigenden Manne zuvor. Man hat behauptet, Herr Amtmann! daß Sie gestern ganz abscheuliche Dinge gegen mich gesprochen haben, für die ich Sie müßte zur Rechenschaft ziehen lassen, wenn ich es nicht vorzöge, von ihnen den Thatbeweis des Gegentheils zu erlangen, indem ich mich bei Ihnen zu Gaste lade. Ich hoffe, ich bin Ihnen willkommen und Sie führen uns zu Ihrer schönen Frau, die ich von früher zu kennen das Glück habe. Ich sah sie eben das Fenster verlassen.

Der Prinz sprach diese Worte mit einem Anschein freimüthiger Heiterkeit, die den Spott nicht zu verhüllen vermochte. Der Amtmann empfand ihn, empfand die Kränkung, welche ihm zugefügt ward, und um so schwerer, als es in Gegenwart von Franzosen geschah, die schon damals sich durch Geringschätzung der Deutschen verhaßt gemacht hatten. Aber der empörte Stolz des Mannes konnte nicht die Herrschaft gewinnen über das tief eingewurzelte Gefühl ererbter Unterthänigkeit. Schon der Großvater des Amtmanns war königlich preußischer Beamter gewesen, abhängig von dem Willen und der Gnade des preußischen Königshauses, dessen Domaine er verwaltete. Die königlichen Prinzen unter ihrem Dache beherbergt, an ihrer Tafel bei Jagden bewirthet zu haben, war der Ehrgeiz, der Stolz seiner Eltern gewesen. Vom Könige, von den Prinzen hatte man ihn als Kind gelehrt mit der Achtung zu sprechen, sie mit der Ehrfurcht zu betrachten, mit welcher man von Gott und dem Heilande sprach. Sie waren dem Unterthan, dem Beamten höhere Wesen, an die kein gewöhnlicher Maßstab gelegt werden durfte. Selbst die Verirrungen der Herrscher galten für berechtigt, durften nicht als solche betrachtet und in der Familie dieser treuen Beamten kaum erwähnt werden. Das war ja eben die gelobte Unterthanentreue.

Freilich hegte der Amtmann dies blinde Unterthänigkeitsgefühl nicht mehr; freilich hatte die Revolution ihn belehrt, da jedes

Volk ein Recht habe, die Thaten seiner Beherrscher zu beurtheilen; und deshalb hatte er sich als Mann offen über den Leichtsinn ausgesprochen, welchen Prinz Louis den Weibern gegenüber bewies. Aber als der Prinz nun vor ihm stand, mit dem Hoheitsblicke eines jener glücklichen Menschen, denen nicht Gehorsam und Unterordnung als die ersten Pflichten geprebigt und anerzogen worden sind, als der Prinz Aufnahme begehrte in das Haus, welches der Amtmann für den Onkel desselben, den alten Prinzen Heinrich verwaltete, da warb die Unterwürfigkeit des bezahlten Beamten, des unfreien Dieners, durch lange Gewohnheit mächtig über den freieren Sinn des Mannes, und sich selbst, seine Abhängigkeit, seine Feigheit verwünschend, sagte der Amtmann, wie sehr er sich durch den Besuch seiner königlichen Hoheit geehrt fühle, und wie es ihm eine Genugthuung sei, daß Hoheit mehr auf die alte Treue der Familie Scheinert, als auf die Verläumbung böswilliger Menschen geachtet habe.

Diese Scene währte nur einen Augenblick, und doch empfand der Prinz, als er die spottenden Worte gesprochen, als der Amtmann ihn demüthig willkommen geheißen hatte, die tiefste Beschämung, die schmerzlichste Reue. Er, der eifrige Vertreter persönlicher Freiheit, deutschen Volksbewußtseins, trat beiden zu nahe in Gegenwart eines Franzosen. Er begriff sich selbst nicht; er verachtete sich um einer Eitelkeit willen, welche Befriedigung verlangte auf Kosten eines Ehrenmannes.

Wäre er allein gewesen mit dem Amtmanne, er hätte seiner offenen Natur gemäß, freimüthig die innere Bewegung seiner Seele enthüllt, sein Unrecht gestanden und ehrlich Verzeihung erbeten. In Greniers Gegenwart dies zu thun, schien ihm unmöglich, und doch fühlte er, es würde edler, fürstlicher gehandelt sein, eine verdiente Zurechtweisung zu ertragen, als einen Bürger des Landes zu kränken, dessen Fürst zu heißen die ganze eigene Würde ausmachte. Wie mußte der Republikaner herabsehen auf diese

Zustände! Wie gerechtfertigt mußte er die Verbannung, den Tod
seiner Königsfamilie finden, wenn Menschen so tief durch Herrschaft und Knechtschaft zu sinken vermögen!

Innerlichst erregt, bot der Prinz äußerlich seine ganze Liebenswürdigkeit auf; er zeigte den ganzen männlichen Freimuth seines
Wesens, um das Zutrauen des Amtmannes zu gewinnen, um den
Weg für eine spätere Verständigung und Ausgleichung anzubahnen,
um nicht zu elend vor Grenier zu erscheinen.

Der Amtmann führte seine Gäste in das beste Zimmer des
Hauses, das bald darauf die Frau betrat, doppelt schön in der
beglückenden Gewißheit, der Besuch des Prinzen gelte ihr und doppelt freundlich, um ihn die harte Aeußerung ihres Mannes vergessen zu machen.

Mathilde Scheinert war die Tochter eines adligen Beamten
aus Berlin, sie hatte eine gute Erziehung genossen, sich in den
höhern Kreisen der Gesellschaft bewegt, und fand das Landleben
in Bernau, trotz treuer Pflichterfüllung und trotz der Liebe ihres
Mannes oft recht eintönig, besonders, da ihre Ehe kinderlos war.
Seit Monaten hatten die Erzählungen von der idyllischen Einsamkeit, in welcher Prinz Louis mit seiner Geliebten lebte, die
Gegend erfüllt; sie waren auch Mathilden zu Ohren gekommen
und der Gegenstand ihrer Träumereien geworden, wenn sie nach
vollendetem Tagewerk sich einsam an der Seite ihres Mannes
fühlte. Je mehr ihre Jugend entfloh, je weniger sie sich verbergen
konnte, daß selbst ihre große Schönheit nicht mehr die strahlende
Frische früherer Jahre habe, um so schmerzlicher schien es ihr,
eigentlich nie das Glück der Liebe gekannt, und ein gleichmäßig stilles Dasein, ohne Leid aber auch ohne Freude gelebt zu haben.
Sie sehnte sich nach einem einzigen Tage voller Glücksempfindung,
nach dem Bewußtsein, einem Manne mehr gewesen zu sein, als
eine brave Hausfrau. Henriette Fromm erschien ihr das neidens-
wertheste Weib der Erde, weil sie die Liebe eines Louis Ferdinand

in dem Grade besaß, daß er für sie der ganzen übrigen Welt ent=
sagen konnte.

Und als sie bei dem Feste im Lager den Prinzen wiedersah,
der einst einen lebhaften Eindruck auf ihr Herz gemacht, als er
jetzt in der gewinnenden Anmuth seiner Schönheit vor ihr stand,
ihr achtungsvoll begegnend, wie einer Königin, um ihrem Manne
auf diese Weise genugzuthun, da zog eine heiße, flammende Liebe
in ihr Herz, die sich nur zu deutlich den geübten Augen des Prin=
zen und seines Begleiters verrieth.

Der Besuch währte länger als der Prinz beabsichtigt hatte,
denn sein Betragen söhnte den treuherzigen Amtmann aus, der es
jetzt selbst nicht mehr begriff, wie er jemals Worte des Tadels
gegen den Prinzen auszusprechen vermochte. Die Freundlichkeit,
mit der er sich die Wiederkehr desselben für die bevorstehende Jagd=
zeit erbat, die Zuversicht des Ehrenmannes, der sich von dem
Manne kein Arg versieht, welchem er gastlich sein Haus geöffnet,
bewegten den Prinzen. Er versprach sich, den Frieden dieses Hau=
ses zu achten, aber er fühlte, daß er dann nicht wiederkehren
dürfe, denn die leuchtenden Blicke Mathildens schlugen wie zün=
dende Blitze in sein Gehirn und brachten seine Sinne in Aufruhr.
Er wollte ihrem Auge ausweichen, und doch zog es ihn an, er
wollte ehrenhaft handeln an dem ehrenhaften Manne, und doch
ward ihm dieser mehr und mehr Mathildens beneideter Gatte.

Stunde auf Stunde schwand in diesem Zwiespalte dahin, der
für eine Natur, wie die des Prinzen, nicht ohne Reiz war. Gre=
nier berichtete von Aegypten, von Bonaparte, von seinen Zügen
in Ost und West, weder Mathilde noch der Prinz hörten Etwas
davon. Je mehr ihr Mann sich, von den Erzählungen des jun=
gen Generals gefesselt, diesem zuwendete, um so unverwandter
hing Mathildens Auge an dem Auge des Prinzen. Als er sich
endlich erhob, um den Heimweg anzutreten, erbleichte sie plötzlich.

Starr und leblos stand sie da, sich selbst zürnend über ihre

Unbeweglichkeit, und doch unfähig sie zu besiegen oder ein Wort zu sprechen.

Der Prinz bemerkte es mit Ueberraschung. Wie mächtig mußte die Leidenschaft in dieser Seele sein! Er betrachtete sie mit schnellem, prüfenden Blicke, trat nahe an sie heran und sagte leise: wir sehen uns wieder Mathilde!

Der Amtmann begleitete seine Gäste vor das Haus, Mathilde blieb schweigend, das Gesicht mit beiden Händen verdeckend, auf der Stelle stehen, auf welcher der Prinz sie verlassen hatte. Erst die Rückkehr ihres Mannes, sein Vorwurf, daß sie die Wirthin nicht zu machen verstehe, daß sie solchen Herrschaften gegenüber befangen und linkisch sei, erweckten sie aus ihrem Traume, wie die verzückte Hellsehende zu einer niedern Wirklichkeit zurückgerufen wird.

Neunzehntes Kapitel.

Als an diesem Abende die vergoldete Pendule in dem Zimmer, welches Gentz in Schricke bewohnte, die siebente Stunde geschlagen hatte, war Dussek, eine Melodie aus seiner „Jagd" trällernd, hineingetreten.

Nun gehen wir? fragte er.

Zur Fromm? Ich nicht, falls der Prinz nicht zurückkehrt, und selbst dann kaum. Ich entschuldige mich mit Briefen nach England, die ich auch wirklich schreiben will.

Aber der Prinz wird es übel nehmen, da er es gefordert hat.

Cher ami! lächelte Gentz, für eine Geliebte, die man seit zwei Jahren besitzt, ist man nicht so empfindlich; das sollten Sie wissen, denke ich; und am Wenigsten für Henriette, die gar nicht les grandes manières einer maitresse en titre hat, sondern die langweilige Art einer rechtmäßigen Hausfrau. Der Prinz wird nicht so schnell zurückkehren; Henriette, die ihn ächt hausfräulich als ihr Eigenthum betrachtet, als ein Grundstück, auf das sie eine Hypothek hat, wird traurig sein, beleidigt, schmollend — dafür habe ich keine Zeit. Die Kleine begreift nicht, daß eine Geliebte nur dann allmächtig ist, nur dann dauernd fesselt, wenn sie alle die Eigenschaften, alle die Demuth, die Hingebung, die Nachsicht besitzt,

welche eine Hausfrau haben müßte, um den Einfluß der reizend-
ften Geliebten zu zerftören.

Sie haben tiefe Kenntniffe in dem Bereiche, lieber Kriegsrath!

Es hat mich Etwas gekoftet, fie zu erwerben! Frau Kriegs-
räthin Gentz hat mich die negative Seite diefer Wiffenfchaft fo
gründlich kennen lehren, daß ich meine Studien als beendet betrachten durfte. Daher ließ ich von dem Advokaten mit gutem
Bedachte trennen, was der Pfaffe ohne Ueberlegung falbungsvoll
zufammen gefchmiedet hatte. Seitdem ift mir Alles zuwider, was
mich on meine Ehe erinnert, und Henriette Fromm vor Allem, in
ihrer langweiligen Treue.

Dennoch möchte ich fie kennen lernen, meinte Duffek, denn
ich liebe die fanften, fchmachtenden Blondinen bisweilen.

So gehen Sie hin, um fo mehr, da der Prinz es gewünfcht
hat, und benutzen Sie das tête à tête, das Sie haben werden, fo
liebenswürdig zu fein als möglich; denn der Prinz wird nicht
kommen und die Kleine Troft und Erheiterung brauchen. Sie
thun ein gutes Werk, Kapellmeifter!

Mit den Worten legte fich Gentz, der eine vornehme Nach-
läffigkeit im Aeußern zur Schau zu tragen liebte, bequem auf
das Sopha zurecht, Duffek nahm von ihm Abfchied, ihn feinen
Arbeiten zu überlaffen, und ging durch die dunkeln Gänge des
Parkes nach der Meierei, deren Fenfter freundlich erleuchtet durch
die Nacht winkten.

Faft kein Ereigniß des Lebens betrachtet man mit größerer
Sorglofigkeit, als das Herantreten neuer Perfönlichkeiten in feft-
gewohnte Kreife, und doch ift es eines der bedeutungsvollften.
Niemand, der in die fernfte Beziehung zu uns tritt, ift ohne Einfluß auf uns, auf die Geftaltung unferer Zukunft, unferes Lebens; Jeder fchlingt einen leifen Faden durch unfer Dafein, und
wie diefe verfchiedenen Fäden fich dann kreuzen, welch' ein Ge-

webe sie bilden, uns zu halten, zu verstricken, das möchte dem
schärfsten Verstande oft unmöglich sein, vorauszubestimmen.

Jener Abend begann eine neue Entwicklung in dem Leben
des Prinzen und Henriettens. Tage reihten sich an Tage, Wochen
an Wochen, das Lager war längst abgebrochen, die militairischen
Gäste in ihre Garnisonen, Gentz nach Berlin zurückgekehrt, und
noch immer erwartete man dort die Rückkehr des Prinzen Louis
Ferdinand vergebens, der in Schricke verweilte, obschon die Herbst-
stürme das letzte Laub von den Bäumen geweht und Nebel und
Kälte sich über die Gegend gebreitet hatten. Weder der Prinz,
noch Henriette schienen dies zu bemerken; denn der Einfluß der
äußeren Natur verschwindet für den Menschen, wenn sein See-
lenleben bedeutend angeregt ist.

Mathildens Schönheit, ihre schnell erwachte Leidenschaft hatten alle guten Vorsätze des Prinzen erstickt. Er dachte nur an
sie, an ihren Besitz; aber der Amtmann Scheinert war kein feiler
Höfling, dem die Schande seines Hauses mit einer Gnadenbezeu-
gung zu bezahlen gewesen wäre. Er verbot seiner Frau, als er
über die Leidenschaft derselben nicht mehr im Zweifel sein konnte,
den Prinzen wiederzusehen, er verbot diesem endlich den Besuch
seines Hauses, freimüthig erklärend, er wolle lieber von Haus und
Hof wandern, ehe er zugebe, daß seine Gattin ein Opfer des
Prinzen werde.

Er dachte daran die von Leidenschaft verblendete Frau zu
entfernen, aber wohin sollte er sie senden? Zu ihren Eltern nach
Berlin? Dort war sie sich selbst und dem Prinzen überlassen!
Nur in der Nähe ihres Gatten, nur in seiner Obhut, unter seiner
Leitung war es denkbar, daß sie ihm und ihren früheren Verhältnissen wiedergegeben und erhalten bliebe. Indeß trotz der Sorg-
falt des Amtmanns fand der Prinz Gelegenheit, Mathilde zu
sehen. Die gewagtesten Unternehmungen dazu, die wildesten
Touren zu Pferde, waren ihm die willkommensten. Jedes solche

Wagniß, jede abenteuerliche Verkleidung erhöhten sein Verdienst und seine Schönheit in Mathildens Augen, und schon nach wenig Wochen war sie, hingerissen von seiner Leidenschaft und ihrer eigenen Liebe, entschlossen, ihren Gatten zu verlassen, um dem Prinzen zu folgen.

Er wünschte sie nach Berlin zu führen, aber er mißtraute der Verschwiegenheit seiner Leute, er wollte selbst François nicht in das Geheimniß dieser Flucht einweihen, aus Besorgniß, es könne Henrietten verrathen werden, die wunderbar genug, die langen und häufigen Abwesenheiten ihres Geliebten nicht zu bemerken, oder nur wenig zu beachten schien.

So oft der Prinz in die Meierei kam, sie zu besuchen und das Kind zu sehen, klopfte sein Herz, und er bangte vor den Klagen, vor den Thränen Henriettens; indeß diese Thränen schienen getrocknet, alle Klagen verstummt zu sein. Sie empfing ihn sanft und heiter, sie erzählte ihm, wie sie Glück und Freude daran finde, unter des Kapellmeisters freundlicher Leitung ihre vernachlässigten musikalischen Uebungen wieder aufzunehmen; sie rühmte die Güte, mit der Dussek sich ihr und ihrer Unterhaltung widme, und der Prinz ließ sich dies gern gefallen, weil es ihm die Freiheit gewährte, deren er in diesem Augenblicke bedurfte. Der vierzigjährige Dussek, den sein sybaritisches Leben stark und schon ein Wenig schwerfällig gemacht hatte, der es nicht verhehlte, wie ihm die Frauen keiner idealen Hingebung mehr werth schienen, Dussek war nicht der Mann, den Louis Ferdinand als einen Nebenbuhler gefürchtet hätte, wäre er in seiner jetzigen Leidenschaft für Mathilde, auch irgend einer derartigen Ueberlegung fähig gewesen.

All sein Sinnen und Trachten war auf Mathildens Entführung gerichtet. Hatte er sie aus dem Hause ihres Gatten entfernt, konnte er sie nur während vierundzwanzig Stunden an einem Orte verbergen, an dem man sie nicht vermuthete, so ließen sich

von hier aus Mittel und Wege zu fernerer Flucht bereiten. Solcher Zufluchtsorte standen in Berlin dem Prinzen genug zu Gebote, aber hier auf dem Lande, wo jeder Schritt bemerkt wurde,
wo jedes Kind die schöne Amtmannsfrau kannte, war der Ausweg
schwer zu finden.

Nur von Johann begleitet, auf dessen Schweigen er mit vollster
Sicherheit zählen konnte, kehrte der Prinz eines Abends in eili-
gem Ritte von einem Stelldichein zurück, das er mit Mathilde für
die Zeit verabredet hatte, in der eine Amtsverrichtung ihren Mann
vom Hause entfernte und es ihr möglich machte, ohne sein Wissen
auszugehen. Wie früher schon, hatten sie sich bei der Frau des
Küsters von Bernau treffen wollen. Diese, einst Kammerjungfer
in Mathildens väterlichem Hause und ihr treu ergeben, war so
weit von der Sittenverderbniß der Residenz angesteckt, daß sie es
sich zur Ehre rechnete, die Vertraute in dem Liebeshandel eines
Prinzen zu sein, der ihr außerdem baare Vortheile gewährte.
Die Stunden, in welchen der Küster die Feste einzuläuten oder
sonst in der Kirche zu thun hatte, waren von den Liebenden schon
oft mit Glück für ihre Zusammenkünfte benutzt worden, und voll
Sehnsucht hatte der Prinz auch an diesem Abend die kleine Küster-
wohnung erreicht.

Aber seine Hoffnung auf Mathilde war diesmal nicht in Er-
füllung gegangen, sie war nicht dort gewesen. Nur ein Blatt Pa-
pier hatte er statt ihrer gefunden, auf das mit verstellter Schrift
die Worte hingeworfen waren: Mein Mann hat einen Besuch,
einen Verwandten, der seit einigen Tagen bei uns verweilt, zu
längerem Bleiben geladen, ich kann nicht fort, nicht dorthin, wo
meine Seele weilt, kommen Sie morgen um dieselbe Stunde an
das Heckenthor des Vorwerks Bandingen.

Mathilde nicht zu sehen war dem Prinzen eine schwere Entbehrung; sein Blut siedete; gewaltig preßte er dem Pferde die
Sporen in die Seite, es leidenschaftlich antreibend.

Feuchte graue Nebel stiegen von den Wiesen empor und lagerten sich an die entfernteren Bäume, sie wie ein Schleier verhüllend, aus denen die kahlen, braunen Aeste öde und traurig hervor sahen. Langsam schwankte das dürre Rohr im Winde, der, stoßweise die Luft durchzitternd, die Wolken verjagte, so daß hie und dort ein bleiches Sternenlicht feucht und kalt durch die Trübe schimmerte. Das ganze Unbehagen, die traurige Oede eines nordischen Herbstes lagen über der Gegend; sie theilten sich der Seele des Prinzen mit.

Plötzlich trat eine Gestalt aus dem Nebel hervor und mit einem „Gott zum Gruß!" an den Prinzen heran.

Woher des Weges? fragte dieser, da er den alten Klaus erkannte.

Von Bernau, Ew. Gnaden!

Von Bernau? wiederholte der Prinz fragend.

Der Amtmann hat mich herüberholen lassen, weil seine Schafe das Drehen haben.

Der Prinz wollte mit einem Gruße vorwärts reiten, aber der Alte schien dies nicht zu beachten, sondern sagte, wie Jemand, der die Unterhaltung fortzusetzen wünscht: Böses Wetter heute! und grundloser Weg, da kommt einer zu Fuße noch besser fort als zu Pferde. Der Amtmann ist auch fünf Stunden unter Weges gewesen an den zwei Meilen.

Wo war er denn? fragte der Prinz, da es ihm schien, als wolle der Alte ihm eine Mittheilung machen, die er nicht zu beginnen wisse.

Gnädiger Herr! entgegnete Klaus, so leise sprechend als seine Baßstimme es zuließ, während er des Prinzen Pferd am Zügel faßte und es über ein tiefes Loch fortgleitete, gnädiger Herr! wenn der Wolf sich bei der Hürde blicken läßt, so bringt man die Schafe weg und gräbt eine Falle.

Was soll das heißen?

In Bernau ist heute gepackt worden den ganzen Morgen

und am Nachmittag ist der grüne Korbwagen mit der Frau weg=
gefahren. Nun sind nur die beiden Herren dort.

Klaus! rief der Prinz lebhaft, was weiß Er und was ist vor=
gegangen? Wo ist die Frau hin? Hat sie Ihm einen Auftrag
gegeben? Spreche Er, sage Er Alles, aber schnell, nur schnell!
Wer ist der andere Herr?

Ich weiß Nichts, als was ich gesagt habe, Ew. Gnaden.

Aber was wollte Er mit der Geschichte vom Wolf und von
der Schafhürde? Sage Er, was weiß Er denn?

Ich habe, wenn ich denn so meiner Wege ging, manchmal den
gnädigen Herrn gesehen so ganz von Ferne reiten, und von der
anderen Seite ist dann wohl einmal die Frau weggegangen auf
einem Wege, den sie nicht hätte kommen sollen. Aber ich kann's
nicht über's Herz bringen, daß der gnädige Herr in's Unglück
rennen sollte, schon wegen der Mamsell Jettchen nicht, der es das
Herz abfressen würde, und wegen dem Kleinen. Der lange Peter
aus Bernau hat auch den Brief zur Küsterin getragen, den der
Fremde aus Bandingen geschrieben hat. Es geht was vor sich,
gnädiger Herr!

Von unheimlichen Vorstellungen, von Besorgniß um Mathilde
gepeinigt, fragte der Prinz nochmals, wohin die Frau gefahren sei
und wie der Fremde heiße? — Vergebens! der Alte wollte oder
konnte nichts sagen und, ihn zurücklassend, trieb der Prinz sein
Pferd zur höchsten Eile an, in der Aussicht, vielleicht im Schlosse
zu Schricke einen Brief mit näherer Nachricht von Mathilde vor=
zufinden; aber auch diese Erwartung täuschte ihn.

Statt dessen ward ihm die Ankunft des Major von Massen=
bach gemeldet, der im Auftrage des Königs ihn sogleich zu sprechen
verlangte. Der Prinz empfing ihn in dem Glauben, irgend eine
dienstliche Angelegenheit schnell und leicht abthun und dann sich
ungestört den eigenen Gedanken, den Sorgen hingeben zu können,
die in ihm tobten.

Indeß die Botschaft war anderer Art. Major von Massenbach überbrachte dem Prinzen den Befehl, sich gleich am folgenden Tage nach Berlin zu verfügen, und hatte die Weisung, ihn
persönlich bis in das Palais des Prinzen Ferdinand, seines Vaters,
zu geleiten. Vergebens erklärte der Prinz, er wolle in Schricke
verbleiben, vergebens verlangte er Gründe zu wissen für eine An-
ordnung, welche sein freies Handeln beschränkte. Major von
Massenbach, einer der geachtetesten Männer des Heeres, betheuerte,
die Gründe zu diesem Befehle nicht zu kennen. Er beschwor den
Prinzen aber, die Ungnade des Königs nicht durch eine Verweige-
rung des Gehorsams heraus zu fordern, denn der König sei sehr
erzürnt gewesen, als er ihm in Person den Auftrag ertheilt habe,
den Prinzen abzuholen.

Zwanzigstes Kapitel.

———

Schlaflos, in wilden Gedanken, verging dem Prinzen die Nacht.
Bald fühlte er die Nothwendigkeit, dem Könige zu gehorchen, bald
empörte sich seine Seele gegen solch blinde Unterwerfung. Vergebens strebte er einen Grund für jenen Befehl zu entdecken, er
konnte keinen finden, und ließ die Gedankenreihe fallen, um sich
mit eben so unbeantwortbaren Fragen dem Schicksal Mathildens
zuzuwenden.

Daß er Schricke nicht verlassen könne, ehe er darüber Auskunft und Beruhigung erhalten, stand fest in ihm. Als daher am
Morgen François mit der Frage vor ihn trat, ob es wahr sei, daß
königliche Hoheit abzureisen gedächten, ob er zu packen befehle,
entgegnete der Prinz, er werde allerdings nach Berlin gehen, aber
erst am folgenden Tage; und trotz aller Ermahnungen und Vorstellungen des Major von Massenbach blieb es bei dieser Erklärung.

Es war ein finsterer Dezembertag, einzelne Schneeflocken
kräuselten sich durch die trübe Luft, die schwer und nicht einmal
durch einen Windzug erfrischt, über der Erde ihre feuchten Dünste
ausbreitete. Der Prinz ging unruhig in seinen Gemächern umher. Er fühlte die Nothwendigkeit, Henriette von seiner Abreise

zu benachrichtigen, ehe ihr durch die Dienerschaft die Kunde zuge-
tragen wurde; aber er hatte sie in den letzten Tagen nicht besucht,
und diese äußere Vernachlässigung drückte ihn schwerer ihr gegenüber, als das Bewußtsein, daß die Leidenschaft für Mathilde ihn
kalt gemacht habe für Henriette.

In dieser Stimmung noch die Klagen Henriettens anhören
zu müssen, dünkte ihm unerträglich, und von Stunde zu Stunde
verschob er es, sie aufzusuchen. Major von Massenbach hatte sich
am Morgen in ehrerbietigster Form das Wort des Prinzen erbeten, daß er diesen Tag des Aufschubs nicht benutzen wolle, gegen
den Befehl des Königs einen anderen Aufenthalt als Berlin zu
suchen, und hielt sich nun in gänzlicher Zurückgezogenheit, um ihn
nicht durch seinen Anblick unangenehm zu berühren. François
überwachte die Reisevorkehrungen; der Prinz selbst wollte Brief-
schaften zusammenlegen, Papiere verbrennen, aber auch dazu fehlte
ihm die Ruhe.

Dussek, der gegen Mittag wie gewöhnlich kam, ihm aufzu-
warten und anzufragen, ob der Prinz musiziren wolle, fand ihn
beschäftigt ein Paar Pistolen zu laden. Mit der flüchtigen Frage,
ob Dussek bei Henrietten gewesen, ob sie wohl und das Kind
munter sei, ward er kurz abgefertigt.

Langsam schlichen die Stunden des Tages hin. Am Nach-
mittage war es, als wolle die Sonne die Nebel durchbrechen, aber
sie waren zu dicht. Nur ein matter, gelblicher Schein flimmerte
durch die Luft und streifte die Gipfel der kahlen, frostzitternden
Bäume.

Um diese Zeit ließ der Prinz sein Pferd vorführen und ritt
in einfachem Jagdrock, mit einem Hirschfänger an der Seite, ohne
alle Begleitung zum Dorfe hinaus.

Kurz ehe man die große Straße von Schricke verläßt, den
Feldweg nach Bernau einzuschlagen, hielt er an einem Kreuzwege,
um die Straße nach dem Vorwerk zu überblicken. Alles war still

und einsam, kein Mensch auf dem Felde zu sehen. So ritt er auf dem Wege nach Bernau vorwärts.

Schon tauchte das rothe Dach des Amtshauses durch die Aeste der kahlen Bäume hervor, und noch immer schwankte Louis Ferdinand, ob er der geheimnißvollen Einladung nach Bandingen folgen sollte, wohin ihn Mathilde nie zuvor beschieden, wo er niemals gewesen war, und wo irgend eine unberechenbare List ihm nach der Weisung des alten Klaus Gefahr bringen konnte, oder ob er graden Weges nach Bernau zu dem Amtmann reiten, von ihm Auskunft über Mathilde verlangen und mit ihm persönlich die Sache zu ordnen versuchen sollte. Das Erstere forderte physischen, das Zweite moralischen Muth. Von unsichtbaren Fäden umgarnt, eingeengt durch den geheimnißvollen Befehl des Königs, durch die Ungewißheit über Mathildens Schicksal von Minute zu Minute mehr gefoltert, verlangte der Prinz nach einem äußern Kampfe. Es schien ihm Wollust, Belebung, Befreiung, sich durch einen Haufen von Feinden durchzuschlagen, Leben gegen Leben einzusetzen, aber mit Grauen dachte er an die Möglichkeit dem Amtmann entgegenzutreten, dem vertrauenden, beleidigten Gastfreunde.

Das Vorwerk war ein kleines, einsam liegendes Gebäude, nur eine Scheuer und ein Stall daneben. Obschon die Ankunft eines Reiters in solch entlegner Gegend wohl geeignet war die Neugier zu erregen, ließ sich Niemand blicken. Die Stille machte des Prinzen Herz klopfen, der Gedanke, es sei dennoch Mathilde, die ihn hierher beschieden, und somit die Nachricht des Schäfers vielleicht unrichtig durchzuckte ihn mit einem Freudenstrahl.

Er sprang vom Pferde, band es an einen Pfahl, und trat in die niedere Pforte des kleinen Hauses, welche man nur angelehnt hatte. Der schmale Flur war dunkel, zur rechten Seite befand sich eine Thüre, die in das Zimmer führte. Der Prinz klopfte an; Niemand antwortete, er tra hinein.

Da saß, so weit man es in dem Halblichte erkennen konnte

das durch die kleinen Fensterscheiben drang, an einem Tische ein großer, blonder Mann, den der Prinz nie zuvor gesehen hatte. Bei dem Eintritt des Letzteren stand er auf und neigte sich mit kalter Höflichkeit, dem Prinzen einen Stuhl anbietend.

Waren Sie es mein Herr! fragte dieser, der mich hierher beschieden?

Ja!

Sie sehen ich bin gekommen, was verlangen Sie von mir.

Nichts, da ich Ihnen vielmehr Aufklärung zu geben denke über das Schicksal der Frau, welche Sie hier zu finden hofften.

Und was berechtigt Sie dazu?

Der Auftrag meines Vetters, des Amtmann Scheinert, dem ich tief verpflichtet bin.

Ihr Name? fragte der Prinz.

Der thut hier Nichts zur Sache, entgegnete der Andre. Ich bin hier nur Organ meines Freundes, der seine Ehre zu wahren, und eine Frau vor den Nachstellungen eines Prinzen zu schützen, dem das Gastrecht nicht heilig ist, kein anderes Mittel wußte, als das, welches ich ihm an die Hand gab. Er hat seine Frau und sich unter den Schutz seiner Majestät des Königs gestellt.

Wo ist Mathilde? rief der Prinz, von seinem Sitze emporspringend.

An einem Orte, den die Huld des Königs ihr für's Erste zum Aufenthalte bestimmte; ich selbst kenne ihn nicht.

Aber Scheinert? wo ist Scheinert? und wer sind Sie, mein Herr? ich will, ich muß dies wissen.

Mein Vetter Scheinert ist heute früh zum Onkel Eurer Hoheit, zum Prinzen Heinrich nach Rheinsberg gereist, dem er und seine Eltern seit Menschenaltern treu gedient haben, ihn von den Vorgängen zu unterrichten. Er will ihn bitten, er möge ihn auf eines seiner andern Güter versetzen, da ihm der Aufenthalt in der Nähe von Schricke durch Ew. Hoheit verleidet ist.

Der Prinz, von dem kalten Hohn des Sprechenden auf das Aeußerste gereizt, seiner selbst nicht mächtig, sprang auf seinen Gegner zu, ihn heftig bei der Brust fassend.

Dieser, eben so ruhig als der Prinz erregt, trat fest zurück. Entehren Sie sich nicht Hoheit, durch einen Angriff auf einen, von seinem Regimente ausgestoßenen Offizier, der nicht im Stande ist, Satisfaktion zu fordern, obschon er sich zu erheben sucht, indem er wie Ew. Hoheit der Vertheidiger weiblicher Tugend wird!

Heldrich! rief der Prinz und die Todesblässe des Entsetzens wechselte mit der flammenden Röthe des Zornes. Er zog den Hirschfänger.

Ich bin waffenlos Hoheit! sagte Heldrich mit vernichtender Kälte.

Wüthend schleuderte der Prinz die Waffe von sich und wollte sich auf Heldrich stürzen, als die Thür sich öffnete und der alte Klaus, in seinen Wandmantel gehüllt, die Pelzmütze auf dem Kopfe, zwischen die Streitenden trat.

Mit Verlaub! ich sah Ew. Gnaden hierher reiten, sagte er, und dachte, Sie könnten bei der frühen Dunkelheit den Weg verfehlen, da wollte ich fragen, ob ich nach Schricke mitgehen sollte?

Die beiden jungen Männer standen sich gegenüber, als wollten sie sich mit ihren Blicken durchbohren.

Wir sehen uns wieder! rief endlich der Prinz.

Gewiß, denn unsere Rechnung ist nicht zu Ende.

In Berlin! heute in acht Tagen, ich bestimme den Ort.

Ich werde mich nicht stellen Hoheit, denn ich habe, Dank Ihrem Eifer, meine Ehre eingebüßt. Nur mein Leben ist noch mein, und dies will ich nicht der nie fehlenden Hand des Prinzen Louis Ferdinand opfern, der sich auf leichte Weise seines Gegners zu entledigen wünscht. Ich denke mein Leben zu schonen für meine Zwecke.

Mensch! Du bist mein böser Dämon! rief der Prinz voll Entsetzen vor dieser eisigen Kälte.

Wie Sie der Meine! es kommt darauf an, wer Sieger bleibt. Der Ausgestoßene, der Nichts zu verlieren hat, wird so mächtig, als derjenige, dem Alles zu Gebote steht. Wir seh'n uns wieder!

Mit den Worten schritt er der Thüre zu; der Prinz stürzte ihm nach, aber Klaus warf sich zwischen sie, und mit starkem Arme den Prinzen zurückhaltend, sagte er, während Heldrich davon ging: Gnäd'ger Herr! der käme an's Rad, wenn er nur die Hand an Eure Gnaden legte.

Der Prinz erstarrte in krampfhaftem Zorn. Einen Augenblick hielt er wie betäubt beide Hände in stummem Schmerze vor sein Antlitz gepreßt, dann raffte er sich zusammen, eilte zur Thüre, bestieg sein Pferd und stürmte davon.

Sinnlos, keines bestimmten Gefühles mächtig, gelangte er in die Meierei, in Henriettens Zimmer, und schien es erst dort gewahr zu werden, daß er nicht nach dem Schlosse geritten sei.

Henriette blickte ihn an, seine Zerstörung entging ihr nicht, aber auch sie war bleich und in furchtbarer Aufregung.

Lies das Blatt, sagte sie, dem Prinzen einen Brief hinreichend. Es enthielt die Worte von des Prinzen Hand:

Ich komme wie gestern um vier Uhr, voll Verlangen nach Deinen Augen, voll unaussprechlicher Sehnsucht nach Dir, Mathilde.

Also darum Deine Kälte! Darum Deine Gleichgültigkeit! klagte Henriette, als der Prinz das Blatt nicht achtend auf den Tisch warf. So fern stehe ich Dir, daß Du es ruhig ansiehst, wenn mein Herz in Martern zerrissen wird! Aber ich Thörin! wie darf ich klagen, da ich selbst es weiß, daß man der Liebe nicht gebieten kann, da ich selbst vergebens mit mir rang, Dir —

Der Prinz sah sie scharf und schnell an, mit einem Blick des Zornes und Schmerzes, in dem sein ganzes Innre bebte, und vor dem Henriette die Augen niederschlug.

Ihr Sohn lag schlummernd auf dem Sopha. Der Prinz ergriff sie bei der Hand, führte sie vor den Knaben und sagte tonlos: Es ist genug, daß ein Mensch auf Erden lebt, der den Vater dieses Kindes beschimpft hat, ohne daß er sich zu rächen vermag — schweige Du wenigstens und laß mir den Glauben an seine Mutter.

Henriette verstummte, ihre Arme sanken schlaff an ihrem Körper herab; sie wagte weder das Kind noch den Prinzen anzublicken. Schweigend verließ dieser das Zimmer und die Meierei.

Am anderen Morgen begleitete der Major von Massenbach den Prinzen nach Berlin; Dussek und die Dienerschaft waren schon vor ihm abgefahren, und einige Tage darauf meldeten die Zeitungen, Prinz Louis Ferdinand sei auf dem Schlosse seiner Eltern angekommen, um das Weihnachtsfest im Kreise seiner Familie zu verleben.

Ende des ersten Bandes.

Druck von Eduard Krause in Berlin.